초딩 인생 처음 세계사

구완회 지음

세계사와 한국사의 크로스

함께 보면 더욱 좋은 세계사와 한국사

불교를 창시한 석가모니 부처님은 일찍이 이런 말씀을 남겼어.

"세상 모든 것들은 서로 연결되어 있다."

이 말은 언뜻 전혀 상관없어 보이는 세상 일들이 서로 영향을 주고받는다는 의미야. 마치 중국 나비의 작은 날갯짓이 미국에 태풍을 일으킨다는 '나비 효과'처럼 말이야. 이건 역사도 마찬가지란다. 지구 반대편에서 일어난 사건이 우리 역사를 바꿔 놓는 일이 드물지 않거든. 당장 이 말씀을 남긴 부처님만 봐도 그래. 부처님이 만든 불교가 당시에는 상상도 못할 만큼 먼 곳이었던 우리 땅까지 들어와서 우리 역사에 엄청난 영향을 끼쳤으니까.

이런 건 불교 말고도 수두룩해. 예를 들어볼까? 일본에서 100년 넘게 전쟁으로 날을 지샌 '전국 시대'가 없었다면 임진왜란도 일어나지 않았을 거야. 영국에서

산업 혁명이 일어나지 않았다면, 유럽이 세계를 지배할 일도, 우리나라가 일본의 식민지가 될 일도 없었을 거고. 그러니까 임진왜란이 왜 일어났는지를 알기 위해서는 일본의 역사를 알아야 하고, 어째서 우리가 일본의 식민지가 되었는지 제대로 알기 위해서는 영국의 역사 또한 공부해야 해.

어이쿠, 우리 역사만 알기에도 버거운데 어떻게 그 많은 세계사를 다 알 수 있냐고? 그건 크게 걱정할 필요가 없어. 다행히 세계사는 엄청 흥미진진하고 재미있거든. 수백만 년 전 아프리카에서 태어난 인류가 전세계로 여행을 떠나고, 수천 년 전 이집트에서 거대한 피라미드를 만든 이야기가 그렇지. 그리스와 페르시아가 전쟁을 벌이고, 알렉산드로스 대왕이 동방 원정을 떠나는 건 마치 신화 속 이야기랑 비슷해. 어릴 때 여러분이 재미있게 봤던 '그리스로마 신화' 말이야.

더군다나 이역만리 외국에서 일어난 일이 우리 역사와 연결되는 건 퍼즐을 맞추는 것처럼 짜릿하기도 해. 가끔은 특별한 연결고리가 보이지 않지만 비슷한 일이 벌어져서 신기한 느낌도 들지. 고려 시대 무신들이 정권을 잡고 얼마 지나지 않아 일본에도 최초의 무사 정권이 들어서는 것처럼 말이야.

시간이 갈수록 세계는 하나의 마을처럼 연결되고 있어. 중국에서 시작한 코로나19가 몇 달 만에 전 세계를 휩쓸고, 미국에서 시작된 금융위기가 며칠만에 우리 경제를 뒤흔들기도 하지. 그러니까 우리가 더 좋은 사회를 만들기 위해서는 우리 사회만 알아서는 안 돼. 마찬가지로 더 좋은 한국사를 만들어가기 위해서는 세계사 공부가 꼭 필요한 거야.

1
400만 년 전~ 1000년

2
1001년~1600년

 1601년~1900년

 1900년~현재

400만 년 전~1000년

 세계사

인류가 태어나다	날씨가 따뜻해져 농사를 시작하다	고대 문명이 탄생하다	국가가 태어나다	석가모니와 공자, 소크라테스의 탄생
약 400만 년 전	약 1만 년 전	약 5000년 전		약 2500년 전

| 약 70만 년 전 구석기 시대의 시작 | 약 1만 년 전 신석기 시대의 시작 | 약 4300년 전(?) 단군왕검이 고조선을 세우다 | 약 3000년 전 청동기 시대의 시작 | 약 2400년 전 한반도 철기 시대의 시작 |

 한국사

알렉산드로스 대왕, 동방 원정을 떠나다

마우리아 왕조가 인도를 통일하다

진나라 시황제가 중국을 통일하다

악티움 해전과 로마 제국의 탄생

그리스와 페르시아가 전쟁을 벌이다

동아프리카에 악숨 왕국이 세워지다

| 기원전 490년 | 기원전 344년 | 기원전 260년경 | 기원전 221년 | 기원전 31년 | 1세기 |

기원전 300년경
중국 연나라가 고조선을 공격하다

기원전 200년경
한반도 사람들이 일본으로 건너가다

기원전 195년경
위만조선이 등장하다

기원전 108년
고조선이 멸망하다

기원전 37년
동명성왕이 고구려를 세우다

기원전 200년경
수로왕이 금관가야를 세우다

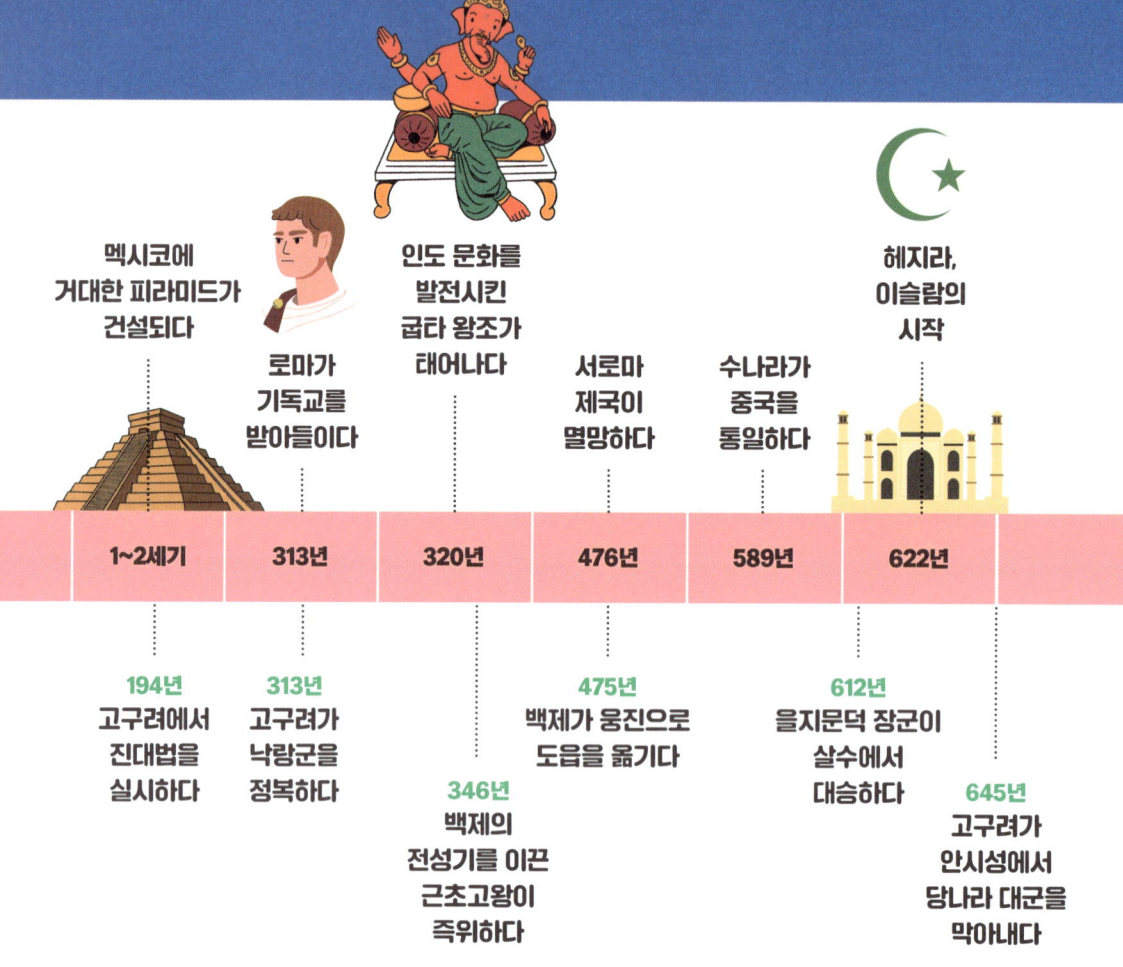

400만 년 전~1000년

프랑크 왕국의 카롤루스 대제, 서로마 제국 황제의 관을 쓰다

- '왜'에서 '일본'으로 나라 이름을 고치다
- 아바스 왕조가 이슬람 세계의 전성기를 이끌다
- 중국 당나라가 멸망하다
- 베트남이 1000년 만에 중국으로부터 독립하다

| 670년 | 750년 | 800년 | 907년 | 939년 |

676년 신라가 삼국을 통일하다

751년 김대성이 불국사와 석굴암을 짓기 시작하다

818년 선왕이 즉위해 발해의 전성기를 이끌다

900년 견훤이 후백제를 세우다

936년 고려가 후삼국을 통일하다

001
약 400만 년 전
인류가 태어나다

지금으로부터 약 400만년 전, 최초의 인류가 아프리카에 나타났어. 이름은 오스트랄로피테쿠스. '남쪽의 민꼬리원숭이(꼬리 없는 원숭이)'라는 뜻이지. 하지만 이들은 침팬지나 오랑우탄 같은 민꼬리원숭이랑도 달랐어. 두 발로 걸었거든(학자들은 이게 바로 인류의 가장 큰 특징이라고 생각해)!

약 200만 년이 흐른 뒤에는 '호모'라고 불리는 또 다른 인류가 등장했어. 호모는 사람이란 뜻이야. 이들은 오스트랄로피테쿠스처럼 두 발로 걸었을 뿐 아니라 두뇌가 엄청 컸지. 이들이 처음 등장한 곳도 아프리카였어. 그런데 기후 변화로 많은 사냥감들이 아프리카를 떠나자 호모들도 전 세계로 퍼져나갔어. 그러면서 종류도 많아졌지. 호모 하빌리스, 호모 에렉투스, 호모 네안데르탈렌시스(네안데르탈인) 등등으로 말이야. 그중에는 호모 사피엔스도 있었어.

'슬기로운 사람'이란 뜻의 호모 사피엔스가 바로 우리야. 여러 호모들 중에서 호모 사피엔스만이 살아남은 셈이지. 그건 무엇보다 호모 사피엔스가 이름처럼 슬기로웠기 때문이야.

'슬기로운 사람'이란 뜻의 호모 사피엔스가 바로 우리야. 여러 호모들 중에서 호모 사피엔스만이 살아남은 셈이지. 그건 무엇보다 호모 사피엔스가 이름처럼 슬기로웠기 때문이야. 덕분에 이들은 다양한 도구를 만들 수 있었어. 다른 호모 종들도 도구를 만들었지만, 호모 사피엔스처럼 다양하지 못했어.

약 70만 년 전 한반도
구석기 시대의 시작

아프리카에서 태어난 인류는 전 세계로 퍼져나갔어. 그리고 수십만 년이 지난 뒤, 우리 땅에도 사람들이 살기 시작했어. 그 무렵 살았던 사람의 화석은 없지만, 사람이 살았던 흔적(유적)이 발견되었지. 이게 대략 70만 년쯤 전이니, 이때부터 우리 역사가 시작되는 셈이야. 이 시기 사람들은 돌을 떼어 만든 뗀석기(구석기)를 사용했어. 그래서 이때를 구석기 시대라고 불러. 구석기 시대 사람들은 동굴이나 바위 그늘, 막집(나뭇가지와 가죽 등으로 지은 집)에 살면서 나무열매를 따먹거나 짐승을 사냥했어. 그러다 주변에 먹을 것이 떨어지면 다른 곳으로 옮겨갔단다.

협력을 잘하는 것도 호모 사피엔스의 생존 비결이었어. 덕분에 다른 호모 종보다 훨씬 더 큰 무리를 이룰 수 있었거든. 많은 숫자가 서로 협력하니 다른 호모 무리보다 더 잘 살아남을 수밖에. 그렇다고 다른 호모 종들이 완전히 사라진 건 아냐. 그들 중 일부는 우리 유전자 속에 남아 있단다. 최근 연구 결과에 따르면 유럽인들의 전체 유전자 중 약 4% 정도가 유럽에 살던 네안데르탈인의 유전자를 물려받은 것이라고 해.

이렇게 진화는 다양한 종들이 서로 섞이고 변하는 과정이야. 오스트랄로피테쿠스에서 호모 사피엔스까지 단 하나의 선으로 쭉 이어지는 것이 아니라, 그 중간에 수많은 다른 종들이 생겨났다 섞이고 사라지면서 지금에 이른 거지. 이런 생명의 역사가 인간뿐 아니라 오늘을 살고 있는 다른 생물에게도 고스란히 이어지는 거란다.

약 1만 년 전
날씨가 따뜻해져 농사를 시작하다

약 2만 년 전부터 지구의 기온이 올라가기 시작했어. 그때까지만 해도 세상은 엄청 추웠지. 육지 대부분이 거대한 얼음인 빙하로 뒤덮여 있을 정도로 말이야. 이렇게 추운 시기를 '빙하기'라고 불러(영어로는 '아이스 에이지 Ice Age'라고 하는데, 같은 이름의 디즈니 애니메이션이 바로 빙하기 이야기야). 인류가 태어난 이후 구석기 시대 내내 빙하기가 이어졌어. 중간에 기온이 조금 올라가기도 했지만 곧 다시 추워졌단다. 그런데 2만 년 전부터는 기온이 계속 올라간 거야.

> **호수와 강이 생겨나고 숲과 들판도 늘어났지. 덕분에 먹을 것도 많아져 구석기 시대처럼 먹거리를 찾아 옮겨다닐 필요가 없어졌단다.**

날씨가 따뜻해지자 어떤 일이 벌어졌을까? 우선 빙하가 녹기 시작했어. 호수와 강이 생겨나고 숲과 들판도 늘어났지. 덕분에 먹을 것도 많아져 구석기 시대처럼 먹거리를 찾아 옮겨다닐 필요가 없어졌단다. 조개나 물고기 같은 해산물이 풍부한 강과 호수, 바닷가는 특히 더 그랬지. 그러다 1만 년쯤 전부터는 농사를 짓기 시작했어. 기온이 계속 올라 이 무렵 날씨가 농사짓기 알맞을 정도로 따뜻해졌거든. 거기다 가축까지 기르니 먹을 것은 더욱 풍부해졌지. 인류가 태어난 이후 처음으로 자연을 이용해 식량을 생산하는 단계에 들어선 거야.

약 1만 년 전 한반도
신석기 시대의 시작

약 1만 년 전쯤 우리 땅에서도 신석기 시대가 시작됐어. 이 무렵 한반도의 날씨도 따뜻해졌거든. 하지만 우리 조상들이 농사를 짓기 시작한 건 한참 뒤의 일이야. 대신 강가나 바닷가에 살면서 조개나 물고기를 잡아먹었지. 나무 열매를 따먹거나 동물을 사냥하기도 했고. 신석기 시대 사람들은 동굴이나 막집 대신 움집을 짓고 마을을 이루며 살았어. 움집이란 땅을 파고 기둥을 세운 뒤에 풀을 덮은 집이야. 서울 암사동에 있는 신석기 시대 마을 유적에서는 여러 가지 간석기와 함께 끝이 뾰족하고 물고기 뼈 모양 무늬를 새겨 넣은 빗살무늬 토기도 발견되었단다.

한 곳에 머물러 살면서 농사까지 짓게 되자 인류의 생활은 이전과는 아주 달라졌어. 식량이 넉넉해지니 인구가 늘어나고 도시가 생겨났단다. 물론 요즘같은 모습은 아니지만 성벽을 쌓고 수많은 사람들이 모여 사는 모습이 도시라고 부르기에 손색이 없어. 인류 최초의 도시는 처음으로 농사가 시작된 지역에서 생겨났어. 흔히 '중동'이라고 불리는 서남아시아 지역이야. 요즘은 사막과 석유로 유명하지만, 1만 년 전만 해도 이곳은 큰 강 사이에 자리잡은 기름진 땅이었어.
초승달 모양으로 생겨서 '비옥한 초승달 지대'라 불리기도 해.
이렇게 사람들이 모여 사니 여러가지 기술도 발달했어. 식물이나 동물의 털에서 실을 뽑아내 옷을 만들어 입었고, 돌을 떼어내는 대신 갈아서 만든 간석기를 사용했지. 그래서 이 시기를 신석기 시대라고 불러. 물론 훗날 학자들이 붙인 이름이야. 뗀석기를 옛날 석기(구석기), 간석기를 새로운 석기(신석기)라고 본 것이지. 흙을 구워 단단한 토기를 만들어 쓴 것도 신석기 시대의 특징이야.

약 5000년 전
고대 문명이 탄생하다

'문명'이란 기술이 발달하면서 전체적인 문화 수준이 엄청 높아진 걸 뜻해. 초딩에서 중딩, 아니 대학생이 되는 것이랄까. 지금부터 약 5000년 전쯤, 세계 여러 곳에서 문명이 나타났어. 거대한 신전이나 피라미드를 지을 만큼 기술이 발달하고, 문자를 쓰면서 복잡한 일도 척척 해내게 되었지. 돌 대신 금속으로 도구를 만들고, 농사 기술도 발전해서 식량을 더욱 많이 생산했어. 이런 문명들은 대부분 큰 강을 끼고 발달했단다. 보통 큰 강 언저리(유역)에는 평평하고 너른 들판이 있어서 농사를 짓거나 사람들이 모여 살기 좋았거든.

티그리스와 유프라테스강 사이에 자리잡은 '메소포타미아'가 문명의 중심이었어. 메소는 '사이', 포타미아는 '강'이란 뜻이야.

인류가 처음 이용한 금속은 구리였어. 자연에는 철이 더 많았지만, 구리가 훨씬 더 낮은 온도에서 녹았기 때문이야. 하지만 문제가 있었어. 구리는 너무 물러서 제대로 된 도구를 만들 수 없었거든. 그런데 구리에다 아연이나 주석 같은 금속을 섞어서 청동을 만들면 아주 단단해졌지. 칼이나 창을 만들어도 될 만큼 말이야(청동을 처음 만든 사람은 정말 천재인 듯). 문명이 태어날 무렵, 사람들은 청동으로 도구를 만들기 시작했어.

가장 먼저 문명이 탄생한 곳은 서남아시아의 '비옥한 초승달 지대'였어. 농사

약 4300년 전(?) 한반도
단군왕검이 고조선을 세우다

'단기'라고 들어봤니? 올해는 서기(서력기원: 예수님이 태어난 해를 기준으로 한 서양식 달력)로 2024년이고 단기(단군기원)로는 4357년이야. 단기는 단군이 고조선을 세운 해(기원전 2333년)를 기원으로 하는 우리나라만의 독특한 연호(해를 부르는 이름)인 셈이지. 서기에 2333만 더하면 단기가 돼. 하지만 단기는 근거가 부족해. 마치 단군 신화가 사실이 아닌 것처럼 말이야. 역사학자들은 고조선이 훨씬 뒤에 세워졌을 거라고 생각하고 있어. 고조선이 옛날 역사책에 본격적으로 등장하는 건 그보다 훨씬 뒤의 일이거든. 아무튼 단군의 고조선이 우리 역사 최초의 국가인 점만은 분명해 보여.

도 도시도 처음으로 생겨났으니 문명 또한 제일 먼저 생겨난 거야. 그중에서도 티그리스와 유프라테스강 사이에 자리잡은 '메소포타미아'가 문명의 중심이었어(메소는 '사이', 포타미아는 '강'이란 뜻이야). 뒤를 이어 이집트 나일강, 인도 인더스강, 중국 황허강 유역에서도 문명이 탄생했지. 그렇다고 모든 문명이 강을 끼고 발달한 건 아냐. 남아메리카의 안데스 산맥이나 중앙아메리카 해안에서도 고유한 문명이 발생했으니까. 또한 이곳에는 청동기가 없었는데도 훌륭한 문명을 이루었단다.

문명이 발달하자 인구가 늘어나고 도시는 더욱 복잡해졌어. 직업도 다양해졌고 말이야. 전에는 모두가 농사를 짓거나 사냥을 했는데, 이제는 신에게 제사 드리는 신관이나 군인, 전문기술자도 생겼어. 이들은 농사짓는 백성이나 노예를 다스렸지. 지배층(다스리는 계층)과 피지배층(지배를 받는 계층)이 생겨난 거야. 이건 모두 먹고도 남을 만큼 식량 생산이 늘어난 덕분에 가능한 일이었지. 모두가 열심히 농사를 지어도 먹고 살기 빠듯하다면 다른 직업은 꿈도 꾸지 못했을 테니까 말이야.

약 5000년 전
국가가 태어나다

문명이 생기면서 국가도 태어났어. 문명을 꽃피운 도시들이 전쟁으로 덩치를 키우면서 나라가 된 거야. 오늘날의 싱가포르 같은 도시국가라고 볼 수 있지. 메소포타미아에는 이런 도시국가가 수십 개나 있었어. 그중에는 인구가 수만 명에 이르는 우르크 같은 도시도 있었단다. 도시 중앙에는 거대한 신전인 지구라트가 있었고 사람들은 진흙 벽돌로 만든 집에서 살았대.

> **문명이 생기면서 국가도 태어났어. 문명을 꽃피운 도시들이 전쟁으로 덩치를 키우면서 나라가 된 거야.**

나중에는 여러 도시들을 아우르는 큰 나라도 등장했어. 사르곤 왕이 세운 아카드 제국을 시작으로 우르, 바빌로니아 등이 넓은 땅을 다스렸지. 메소포타미아를 통일한 바빌로니아의 함무라비 왕은 '눈에는 눈, 이에는 이'라는 내용의 법전(함무라비 법전)으로도 유명해.

이집트에선 처음부터 여러 도시를 아우르는 큰 나라가 생겼어. 나일강 상류의 상이집트와 하류의 하이집트로 나뉘었다가 곧 하나의 나라로 통일되었지. 땅이 넓고 인구가 많으니 나라 힘도 커서 거대한 피라미드를 만들 수 있었어. 지금까지 남아있는 가장 큰 피라미드가 바로 이 무렵에 지은 거야. 이건 '기자의 대피라미드'로 불리는데, 약 146m 높이에 무려 230만 개 이상의 거대

> ### 약 3000년 전 한반도
> ### 청동기 시대의 시작
>
> 우리 땅에서 청동기가 쓰이기 시작한 건 약 3천 년 전의 일이야. 이 무렵 청동기 시대가 시작된 셈이지(최근 들어 새로운 청동 유물이 발견되면서 시작점이 점점 올라가고 있어). 청동기 시대가 되면서 농업이 발달하고 식량 생산도 늘어났어. 덕분에 하늘에 제사를 지내면서 다른 사람을 다스리는 지배층도 생겨났지. 이들은 죽은 뒤에 거대한 고인돌 무덤을 만들고 그 안에 청동으로 만든 칼과 거울 등을 같이 묻기도 했단다. 청동은 귀해서 이런 물건들은 지배층만 쓸 수 있었거든.

한 돌을 쌓은 거란다. (이때가 약 4500년 전이라니, 단군 할아버지가 나라를 세운 것보다 훨씬 더 전의 일이로구나!)

이집트의 뒤를 이어 인도 인더스 강가에도 문명이 생기고 국가가 세워졌어. 하지만 아쉽게도 자세한 역사는 잘 알 수가 없어. 이곳에서 쓰던 문자를 아직 해독하지 못했거든. 메소포타미아와 이집트 문자는 모두 뜻을 알게 되었는데 말이야. 대신 인더스강 유역인 하라파와 모헨조다로에선 수만 명이 살던 도시 유적이 발견되었어. 여기엔 지구라트나 피라미드 같은 큰 건축물은 없지만 하수도와 수세식 화장실까지 갖춘 벽돌 건물들이 줄지어 서 있었단다.

중국 황허강 유역에 세워진 첫 국가는 '상'이야. 이때가 약 3600년 전이라고 해. 이전에도 국가가 있었다고 전해지지만 흔적을 찾을 수가 없어. 상나라는 아주 훌륭한 청동 그릇 뿐 아니라 갑골문이라는 글자를 새긴 거북이 등껍질이 발견되어서 이 시기 역사를 잘 알게 되었지.

005

약 2500년 전
석가모니와 공자, 소크라테스의 탄생

'4대 성인'이란 말을 들어봤니? 인류 역사상 으뜸가는 성인(훌륭한 사람) 네 분을 이르는 말이야. 석가모니(부처)와 공자, 소크라테스, 그리고 예수를 가리키지. 누가 정했는지는 분명치 않지만, 국어사전에도 뜻풀이가 올라가 있을 정도로 널리 알려진 이야기란다.

지금도 전 세계에서 수많은 사람들이 믿고 따르는 불교와 유교, 기독교를 만든 부처와 공자, 예수가 으뜸가는 성인이라는데 토를 달 사람은 거의 없을 듯해. '너 자신을 알라'는 말로 유명한 고대 그리스의 위대한 철학자 소크라테스도 '4대 성인'이 되기에 손색이 없지.

지금까지 많은 인류가 따르는 종교와 철학이 탄생한
약 2500년 전쯤의 시기를 '축의 시대'라고 불렀지.
바퀴의 중심이 되는 축처럼 인류 역사의 중심이 되는 시기라는 뜻이야.

그런데 4대 성인 중 예수를 뺀 세 사람은 태어난 시기가 비슷해. 모두 약 2500년 전쯤에 태어났거든. 부처는 인도, 공자는 중국, 소크라테스는 그리스에서 말이야. 이 무렵에는 이들처럼 뛰어난 종교 지도자와 철학자, 예언자가 세계 곳곳에서 나타났단다.

약 2400년 전 한반도
한반도 철기 시대의 시작

기원전 5세기경부터 만주와 한반도 지역에서 철기 시대가 시작됐어. 이 무렵 중국에서 철로 만든 물건이 들어왔거든. 중국에서 들어온 철기는 점차 한반도 남쪽으로 퍼져나갔지. 여전히 청동기를 흔히 쓰긴 했지만, 그보다 훨씬 튼튼하고 날카로운 철기는 쓸모가 더 많았거든. 특히 철제 농기구가 인기였는데, 청동은 쉽게 부러져서 농기구로 적합하지 않았기 때문이야. 철기 덕분에 농사를 더 잘 지을 수 있었지만, 철로 만든 칼이 퍼지면서 전쟁 또한 늘어나게 되었단다.

중국에서는 유교와 쌍벽을 이루는 종교인 도교를 만든 노자와 장자가 태어났어. 이스라엘에선 성경에 나오는 예언자들이 등장했고, 그리스에선 소크라테스의 뒤를 이어 플라톤과 아리스토텔레스 같은 뛰어난 철학자가 줄줄이 나왔어. 이들은 모두 인류에게 큰 가르침을 주었지.

그런데 뭔가 좀 이상하지 않아? 이 많은 성인들이 왜 전부 비슷한 시기에 나온 걸까? 마치 약속이라도 한 듯, 세계 곳곳에서 한꺼번에 말이야. 20세기 독일의 철학자 칼 야스퍼스는 이런 사실에 주목했어. 그리고 지금까지 많은 인류가 따르는 종교와 철학이 탄생한 약 2500년 전쯤의 시기를 '축의 시대'라고 불렀지. 바퀴의 중심이 되는 축처럼 인류 역사의 중심이 되는 시기라는 뜻이야. 이 무렵 나온 종교와 철학이 인류 정신의 중심축을 이루고 있다는 뜻이기도 해.

이때 생겨난 종교들은 나중에 우리나라에도 큰 영향을 주었단다. 삼국 시대 때 전해진 불교와 유교는 우리 문화의 뿌리와 줄기를 이루었고, 조선 후기에 들어온 기독교는 지금도 우리나라에서 가장 큰 종교 중 하나니까 말이야.

기원전 490년
그리스와 페르시아가 전쟁을 벌이다

세계 곳곳에서 위대한 인물들이 태어날 무렵, 그리스와 페르시아는 전쟁의 소용돌이에 휩싸였어. 원래 페르시아는 그리스에서 동쪽으로 멀리 떨어진 곳에 있었는데, 점점 영토가 커지면서 그리스와 부딪치게 된 거야.

당시 그리스는 백 개가 넘는 폴리스(도시국가)들로 나뉘어 있었고, 페르시아는 그리스보다 수십 배나 넓은 땅을 다스리고 있었어. 그러니 폴리스들이 아무리 똘똘 뭉쳐도 페르시아의 상대가 될 수 없었지. 그런데도 아테네와 스파르타 등 그리스의 폴리스들이 복종을 거부하자, 페르시아의 다리우스 대왕은 군사 수만 명을 보내 그리스를 공격했단다.

> **세계 곳곳에서 위대한 인물들이 태어날 무렵,
> 그리스와 페르시아는 전쟁의 소용돌이에 휩싸였어.
> 원래 페르시아는 그리스에서 동쪽으로 멀리 떨어진 곳에 있었는데,
> 점점 영토가 커지면서 그리스와 부딪치게 된 거야.**

수백 척의 배를 타고 온 페르시아 군대는 아테네와 가까운 마라톤이란 넓은 들판에서 그리스 연합군과 전투를 벌였어. 이 전투에서 그리스 연합군이 크게 승리하자 페르시아는 물러나고 말았지. 이때 아테네의 전령(소식을 전달하는 군인)이 수십 km를 달려가서 승리를 알리고는 그 자리에서 숨을 거뒀다고 해

> ### 기원전 300년경 한반도
> ### 중국 연나라가 고조선을 공격하다
>
> 기원전 300년 무렵 중국은 여러 개의 나라로 나뉘어 서로 싸우고 있었어. 어찌나 싸움을 자주 벌였던지 훗날 사람들이 '싸움 전(戰)'에 '나라 국(國)'자를 써서 '전국 시대'라고 부를 정도였지. 그중 가장 힘이 센 7개의 나라(전국 7웅) 중 하나였던 연나라는 고조선을 공격하기도 했어. 이 전쟁에서 패한 고조선은 서쪽 땅을 상당 부분 잃었단다. 바로 이 전쟁이 우리 역사에 기록된 최초의 국제전이었다고 해. 이렇게 잘나가던 연나라도 나중에는 전국 7웅 중 하나였던 진나라에 패해서 멸망하고 말았단다.

(이걸 기념해서 마라톤 경기가 생겼다는데, 대부분의 역사학자들은 사실이 아니라고 생각하지).

1차 원정에 실패했지만 페르시아는 포기하지 않았어. 다리우스의 뒤를 이은 크세르크세스 대왕은 훨씬 더 많은 군대를 보내서 그리스를 공격했지. 하지만 이번에도 그리스는 페르시아의 공격을 막아냈어. 살라미스 섬 앞에서 벌어진 전투에서 그리스 해군이 페르시아군을 크게 이긴 거야. 여기에는 특히 해군이 강했던 아테네가 큰 공을 세웠어.

강대국 페르시아의 공격을 성공적으로 막아낸 그리스는 세력을 넓히기 시작했어. 그중에서도 그리스 연합군을 이끌었던 아테네가 앞장을 섰지. 하지만 아테네가 제멋대로 굴며 횡포를 부리자 스파르타는 가만있지 않았어. 결국 둘 사이에 전쟁이 벌어지게 되었고, 여기에 다른 폴리스들까지 참여하면서 그리스 전체가 혼란에 빠지게 되었단다.

기원전 344년
알렉산드로스 대왕, 동방 원정을 떠나다

폴리스끼리 싸우던 그리스의 혼란기는 강력한 외부 충격으로 끝나게 됐어. 그리스 북쪽 나라인 마케도니아의 알렉산드로스 3세가 그리스의 폴리스들을 모두 무릎 꿇린 거야. 알렉산드로스의 영어식 이름이 알렉산더란다. 불과 33세의 나이에 그리스에서 인도에 이르는 대제국을 건설한 '알렉산더 대왕'이 바로 이 사람이야.

알렉산드로스 대왕은 동서양을 아우르는 대제국을 건설했을 뿐 아니라 여러 지역의 문화를 한데 섞어서 새로운 문화를 만들었어.

알렉산드로스 대왕은 아버지 필립포스 2세의 뒤를 이어 마케도니아의 왕이 되었어. 필립포스 2세는 마케도니아를 통일하고 그리스까지 영향력을 넓혔지. 그가 갑자기 죽고 스무 살이던 알렉산드로스 대왕이 즉위하자 그리스의 폴리스들은 마케도니아에 반기를 들었어. 어린 왕이라고 얕봤던 거야. 그러자 알렉산드로스는 군대를 이끌고 가서 반항하는 폴리스를 철저하게 응징했어. 그는 작전도 귀신같이 잘 세웠을 뿐 아니라 직접 칼을 들고 앞장설 만큼 용감하고 싸움도 잘 했단다. 이미 여러 해 전부터 아버지를 따라 전쟁터를 누비며 큰 공을 세울 정도였거든.

그리스를 정복한 알렉산드로스 대왕은 군대를 이끌고 페르시아 원정(멀리

기원전 200년경 한반도
한반도 사람들이 일본으로 건너가다

우리나라와 일본은 아주 오랜 옛날부터 서로 오가며 교류했어. 구석기 시대에는 바닷물 높이가 낮아서 한반도와 일본이 붙어 있었거든. 둘 사이에 동해가 생긴 신석기 시대에는 배를 타고 오갔지. 지금도 한반도 남해안에서 해류를 타면 노를 젓지 않아도 일본에 닿을 수 있어. 그런데 기원전 200년 무렵부터 한반도에서 일본으로 가는 사람들이 크게 늘었어. 이유는 정확히 알 수 없지만 아주 많은 사람들이 집단적으로 건너간 것으로 보여. 이들은 앞선 농사 기술을 가지고 가서 일본이 발전하는데 큰 도움을 주었단다.

싸우러 나감)을 떠났어. 이때부터 11년 동안 쉬지 않고 원정을 계속해 페르시아 뿐 아니라 이집트와 인도 북부에 이르는 대제국을 건설했지(물론 정복당한 사람들 입장에선 그다지 달가운 일이 아니었을 테지만 말이야). 이걸 '알렉산드로스 대왕의 동방(동쪽) 원정'이라고 불러. 만약 그가 원정 중에 병으로 갑자기 죽지 않았다면 훨씬 더 큰 제국을 만들었을 지도 몰라.

알렉산드로스 대왕은 동서양을 아우르는 대제국을 건설했을 뿐 아니라 여러 지역의 문화를 한데 섞어서 새로운 문화를 만들었어. 알렉산드로스 대왕은 당시 가장 뛰어난 철학자였던 아리스토텔레스의 가르침을 받으면서 학문과 문화에 대한 관심을 키웠거든. 이렇게 그리스를 중심으로 여러 지역의 문화가 합쳐진 걸 '헬레니즘 문화'라고 불러. 알렉산드로스 대왕이 죽은 후 제국은 다시 여러 개의 나라로 나뉘었지만, 헬레니즘 문화는 그 후로도 오랫동안 전 세계에 영향을 끼쳤단다.

008

기원전 260년경
마우리아 왕조가 인도를 통일하다

알렉산드로스 대왕의 공격을 받은 북인도는 혼란에 빠져들었어. 이틈을 타서 찬드라굽타 마우리아가 세운 마우리아 왕조가 북인도의 새로운 강자로 등장하게 되었지. 찬드라굽타는 알렉산드로스와 싸우느라 힘이 빠진 북인도의 난다 왕조를 무너뜨리고, 알렉산드로스가 죽은 뒤에는 그가 지배하던 지역들도 차지했어.

> 알렉산드로스처럼 타고난 군사 지휘관이었던 아소카 대왕은
> 왕위에 오르자마자 맹렬한 정복 전쟁을 벌여서 영토를 크게 넓혔어.
> 나중에는 남인도 지역까지 세력을 넓히면서
> 최초로 인도 대부분을 통일하게 되었단다.

찬드라굽타의 뒤를 이은 빈두사라도 전쟁을 계속 벌여 남쪽으로 영토를 넓혔어. 하지만 마우리아 왕조의 전성기를 이끈 건 찬드라굽타의 손자이자 제3대 왕인 아소카였어(인도 역사상 가장 위대한 왕으로 손꼽히는 아소카 또한 알렉산드로스처럼 '대왕'이라고 불려). 알렉산드로스처럼 타고난 군사 지휘관이었던 아소카 대왕은 왕위에 오르자마자 맹렬한 정복 전쟁을 벌여서 영토를 크게 넓혔어. 나중에는 남인도 지역까지 세력

아소카 대왕

을 넓히면서 최초로 인도 대부분을 통일하게 되었단다. 이게 기원전 260년경의 일이야.

아소카 대왕은 잔인한 것으로도 유명했어. 자신에게 조금이라도 위협이 된다 싶으면 그게 누구든 눈 하나 깜짝 안 하고 죽여버렸다고 해. 전쟁터에서 만난 적에게는 더욱 잔인했고 말이야. 그러던 어느 날, 아소카 대왕은 더 이상 살인을 하지 않기로 마음먹었어. 인도 서남쪽의 칼링가 왕국과 전쟁을 벌인 후의 일이었지.

이 전쟁에서도 아소카 대왕이 이끄는 군대가 승리했고, 칼링가 사람들은 10만 명이나 죽었어. 전쟁에서 이긴 후에 아소카 대왕은 우연히 칼링가 왕국의 한 마을에 들렀는데, 그곳엔 수많은 사람들의 시체가 쌓여있었지. 부모를 잃은 아이들은 냇물처럼 흐르는 핏물 사이로 실성한 듯 돌아다녔고 말이야. 여러 해 동안 전쟁터를 누비고 다녔지만 이렇게 끔찍한 장면은 처음이었대.

이 모습을 본 아소카 대왕은 큰 충격을 받고 죄책감에 잠을 이룰 수가 없었어. 결국 그는 부처님의 가르침을 받아들이고 앞으로는 전쟁을 벌이지 않기로 했지. 대신 백성들을 위한 정치를 펼치고, 인도 전역에 불교를 전파했어. 그는 부처님의 가르침을 새긴 돌기둥을 인도 곳곳에 세웠는데, 사자가 조각된 돌기둥의 머리 부분은 인도를 상징하는 문양이 되었단다.

기원전 195년경 한반도
위만조선이 등장하다

기원전 195년경, 고조선과 이웃한 중국 연나라에서 위만이란 사람이 1천여 명의 무리를 이끌고 국경을 넘었어. 이들은 모두 고조선 사람처럼 옷을 입고 머리 모양을 하고 있었대. 당시 고조선을 다스리던 준왕은 위만을 받아들이고 벼슬까지 주었지만, 세력을 키운 위만은 준왕을 쫓아내고 새로운 왕이 되었지. 이때부터 고조선을 '위만조선'이라고도 불러. 이를 통해 알 수 있는 건 우리와 중국이 아주 옛날부터 활발하게 교류했다는 사실이야. 나중에는 중국의 유교뿐 아니라 인도에서 생겨난 불교도 중국을 통해 우리 땅에 전해졌단다.

기원전 221년
진나라 시황제가 중국을 통일하다

마우리아 왕조의 찬드라굽타가 인도 땅 대부분을 차지할 무렵, 중국에선 나라들끼리 하루가 멀다 하고 전쟁을 벌이는 '전국 시대'가 한창이었어. 당시 힘이 셌던 일곱 나라(전국 7웅) 중에서도 서쪽의 진나라가 가장 강했지. 나머지 여섯 나라들이 모두 진나라에 무릎을 꿇느냐, 아니면 힘을 합쳐 대항하느냐를 고민할 정도였으니까.

기원전 246년 진나라 제31대 왕이 된 시황제는 중국을 통일할 계획을 세웠어. 우선 다른 나라 사이를 이간질해서 서로 힘을 합치지 못하게 만들었지. 그러고는 한 나라씩 차례차례 집어삼켜서 마침내 천하통일을 이뤘단다. 시황제(첫 번째 황제)란 중국을 통일한 뒤에 지은 이름이야. 이때 처음으로 '황제'란 명칭이 생겨났어.

중국을 통일한 시황제는 제도와 문화도 통일하려고 했어. 나라마다 조금씩 달랐던 문자도 하나로 만들고, 제각각이었던 돈도 한 가지로 통일했지. 또한 도량형(길이나 무게를 재는 단위)도 통일하고, 물건을 나르는 수레바퀴의 폭까지 일치시켰어. 덕분에 거래가 활발해져서 상업이 발전하고 나라 살림이 좋아졌단다. 돈의 종류나 도량형, 그리고 수레바퀴의 폭이 다르면 물건을 사고팔거나 옮기는 것이 어려웠거든.

시황제는 한발 더 나아가 백성들의 생각까지도 통일하려고 했어. 그래서 농사와 병 치료, 점치는 데 필요한 책만 남겨놓고, 다양한 생각을 담은 나머지 책

기원전 108년 한반도
고조선이 멸망하다

진나라의 뒤를 이은 한나라는 고조선과 사이가 좋았어. 고조선은 한나라의 신하 나라가 되는 대신 주변 나라들과 한나라 사이의 다리 역할을 하면서 힘과 돈을 쌓았지. 하지만 고조선이 점점 힘이 세고 부자가 되자 한나라와 부딪치기 시작했어. 결국 한나라는 수만 명의 군대를 보내서 고조선을 침략했어. 고조선의 우거왕은 한나라 대군을 상대로 잘 싸웠지만, 몇몇 신하들의 배신으로 목숨을 잃게 돼. 우거왕의 뒤를 이어 싸움을 이끌던 신하 성기마저 배신자들의 손에 죽임을 당하고, 마침내 고조선은 멸망하고 말았단다.

들은 모두 불태워버리라고 명령했지. 여기에 반대하는 사람들은 산 채로 땅에 묻어버렸고 말이야. 그런 탓에 생각의 자유가 억눌리고 학문은 더디게 발전했단다(역시 뭐든 지나치면 안 좋은 법이야).

**시황제(첫 번째 황제)란 중국을 통일한 뒤에 지은 이름이야.
이때 처음으로 '황제'란 명칭이 생겨났어.**

북쪽에 살면서 중국을 자꾸 괴롭히던 흉노족을 막기 위해 만리장성을 쌓은 것도 시황제가 한 일이었어. 자신이 살 궁궐뿐 아니라 죽은 뒤에 묻힐 무덤도 아주 크게 만들었지. 이런 일은 모두 백성들에게 강제로 시켰어. 이 과정에서 수많은 사람들이 죽거나 다쳤고, 백성들의 불만은 차곡차곡 쌓여갔어. 시황제가 죽자 그동안 온갖 고초를 겪던 백성들은 곳곳에서 반란을 일으켰지. 그 결과 불과 14년 만에 진나라는 멸망하고 한나라가 그 뒤를 이었단다.

기원전 31년
악티움 해전과 로마 제국의 탄생

고조선이 멸망하고 70여 년 뒤, 그리스 서쪽 악티움 해협(육지 사이에 낀 좁은 바다)에는 수백 척의 싸움배들이 모여들었어. 카이사르의 후계자인 옥타비아누스와 카이사르의 부하였던 안토니우스 사이에 큰 전투가 벌어진 거야. 이 둘은 카이사르가 죽은 뒤에 로마의 지배권을 두고 전쟁을 벌이던 중이었어. 카이사르의 연인이자 이집트 파라오(왕)였던 클레오파트라는 안토니우스 편을 들었지(역사상 최고의 미인 중 하나로 손꼽히는 바로 그 클레오파트라야).

원래 왕국이었던 로마는 기원전 509년에 공화정으로 바뀌면서 더욱 발전하게 되었어. 특히 북아프리카의 강국이었던 카르타고와 벌인 전쟁에서 승리하면서 로마는 지중해 일대를 지배하게 되었단다.

이 무렵 로마는 왕이 다스리는 왕국이 아니라, 선거로 뽑힌 집정관이 다스리는 공화국이었어. 하지만 진짜 권력을 가진 건 귀족들이 모여 있는 원로원이었지. 원래 왕국이었던 로마는 기원전 509년에 공화정으로 바뀌면서 더욱 발전하게 되었어. 특히 북아프리카의 강국이었던 카르타고와 벌인 전쟁에서 승리하면서 로마는 지중해 일대를 지배하게 되었단다.

기원전 59년에 집정관으로 선출된 율리우스 카이사르는 여러 차례 전쟁을

승리로 이끌면서 로마의 영토를 더욱 넓혔어. 덕분에 로마 시민들 사이에서 인기가 높았지. 인기가 치솟고 권력도 커지자 카이사르는 왕이 되려고 마음먹었어. 그는 자신을 반대하는 귀족 세력과 벌인 전쟁에서 승리하고 마침내 종신 독재관이 되었단다. 종신 독재관이

기원전 37년 한반도
동명성왕이 고구려를 세우다

우리나라에서 가장 오래된 역사책인 〈삼국사기〉에 따르면, 삼국, 그러니까 세 나라 중에 가장 먼저 세워진 건 신라야. 신라가 기원전 57년, 고구려가 기원전 37년, 마지막으로 백제가 기원전 18년에 건국되었다고 기록돼있거든. 하지만 역사학자들은 신라가 가장 나중에 세워졌을 거라고 생각해. 다른 역사 기록이나 남아있는 유물을 보면 고구려의 발전이 가장 빨랐거든. 다음이 백제였고 말이야. 아무튼 이 무렵 삼국이 세워졌고, '삼국 시대'가 시작된 건 확실해. 사실 이때는 삼국 말고 다른 나라도 많았지만, 결국 세 나라만 남았기 때문에 삼국 시대라고 부르는 거야.

란 죽을 때까지 모든 권력을 휘두를 수 있는 자리야. 사실상 왕이 된 것이나 마찬가지였지. 그러자 예전처럼 왕국이 부활할까봐 걱정하던 몇몇 귀족들이 카이사르를 암살했어.

카이사르가 죽고 나자 옥타비아누스와 안토니우스, 그리고 카이사르의 또 다른 부하 레피두스가 손을 잡고 권력을 나눠 가졌어. 하지만 동맹은 깨지고 옥타비아누스와 안토니우스가 악티움에서 최후의 결전을 벌이게 된 거야. 전투의 결과는 옥타비아누스의 완벽한 승리! 결국 안토니우스와 클레오파트라는 목숨을 잃고 옥타비아누스는 권력을 독차지했지. 그는 겉으로는 공화국을 유지했지만, 실제로는 황제나 다름없는 권력을 휘둘렀어. 그가 자신의 자리를 아들에게 물려주면서 로마는 황제가 다스리는 제국이 되었단다.

옥타비아누스

1세기
동아프리카에 악숨 왕국이 세워지다

옥타비아누스의 뒤를 이은 황제들이 로마의 전성기를 열어갈 무렵, 현재 에티오피아가 있는 동아프리카 지역에는 악숨 왕국이 태어났어. 홍해와 인도양이 만나는 지역에 자리 잡은 악숨 왕국은 두 바다를 연결하는 중계무역으로 부유해졌지. 그리고 무역선을 지키기 위해 해군을 키웠는데, 나중에는 이웃 나라를 정복할 정도로 군사력도 강해졌어. 4세기에는 기독교를 받아들이면서 독특한 문화를 일구었단다. 요즘도 에티오피아 인구 중 60% 이상이 기독교를 믿는 건 악숨 왕국의 영향 때문이야.

> **솔로몬의 지혜에 감탄한 시바의 여왕은 그와 결혼했고,
> 둘 사이에서 태어난 아들이 악숨 왕국을 세웠다는 게 전설의 내용이지.**

에티오피아의 전설에 따르면 악숨 왕국이 세워진 건 1세기경이 아니라 기원전 10세기의 일이라고 해. 이 무렵 이스라엘을 다스리던 솔로몬 왕이 지혜롭다는 소문이 널리 퍼지자 시바의 여왕이 그를 시험하려고 방문했어(이건 성경에도 나오는 이야기야). 솔로몬의 지혜에 감탄한 시바의 여왕은 그와 결혼했고, 둘 사이에서 태어난 아들이 악숨 왕국을 세웠다는 게 전설의 내용이지. 대다수 역사학자들은 이걸 사실로 인정하지 않지만, 20세기 중반까지 에티오피아를 다스리던 황제들은 자신들이 솔로몬의 후예라고 주장했단다.

42년 한반도
수로왕이 금관가야를 세우다

고려 시대 역사책인 <삼국유사>에는 여섯 가야가 생겨난 이야기를 전하고 있어. 옛날 하늘의 명을 받은 백성들이 제사를 지내자 하늘에서 금빛 상자가 내려왔대. 그 안에는 커다란 황금알이 여섯 개나 들어있었고 거기서 태어난 사내아이들이 저마다 나라를 세웠다는구나. 그중 가장 먼저 태어난 수로왕이 세운 나라가 금관 가야고 나머지 나라들도 가야라는 이름을 가져서 이를 합쳐 6가야라고 부른다고 해. 실제로 가야는 크고 작은 여러 나라의 연합체였고, 거기에는 6개보다 훨씬 더 많은 나라가 있었단다.

아무튼 기독교를 받아들이고 더욱 강성해진 악숨 왕국은 7세기에 접어들면서 기세가 꺾였어. 이웃한 아라비아반도에서 이슬람 세력이 성장해서 악숨 왕국의 무역로를 빼앗아갔거든. 이후 명맥만 이어가던 악숨 왕국은 10세기에 결국 멸망하고 말았어.

아프리카에는 악숨 왕국 말고도 여러 고대 국가가 있었어. 수천 년 전부터 북아프리카 일대를 지배하던 이집트와 누비아뿐 아니라 서아프리카의 가나 왕국과 그 뒤를 이은 말리 왕국도 아주 부유하고 힘이 센 나라였지. 아쉽게도 이집트와 누비아를 제외하면 남은 기록이 많지 않아서 정확히 알기는 어렵지만 말이야. 지금도 많은 역사학자가 문자 기록이나 유물을 찾아내면서 아프리카의 역사는 조금씩 더 자세히 밝혀지고 있단다. 사실 아프리카는 어마어마하게 큰 대륙이고 최초의 인류가 태어난 곳이니, 역사 또한 다양하고 풍부한 게 당연하잖아?

1~2세기
멕시코에 거대한 피라미드가 건설되다

피라미드는 이집트에만 있는 게 아냐. 멕시코를 비롯한 중앙아메리카 여러 나라에도 수백 개의 피라미드가 남아 있단다. 그중 가장 큰 피라미드는 멕시코 테오티우아칸에 있어. '태양의 피라미드'라고 불리는 이 거대한 피라미드는 높이 63m에 밑변의 길이가 225m나 돼. 이곳에는 태양의 피라미드 외에도 43m 높이의 '달의 피라미드', 대규모 주택이 들어선 '죽은 자의 거리' 등이 있어.

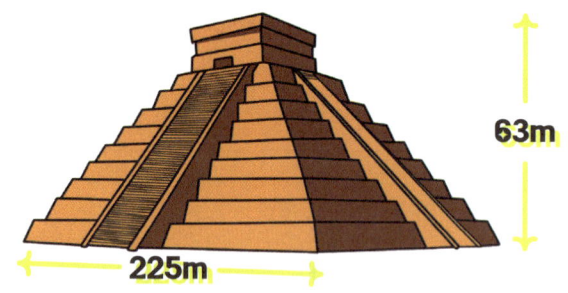

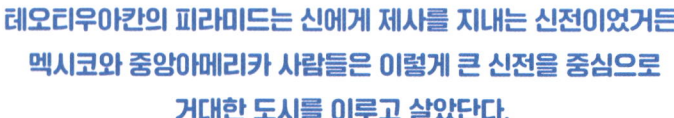

**테오티우아칸의 피라미드는 신에게 제사를 지내는 신전이었거든.
멕시코와 중앙아메리카 사람들은 이렇게 큰 신전을 중심으로
거대한 도시를 이루고 살았단다.**

테오티우아칸에 피라미드가 세워진 건 1~2세기의 일이야. 지금부터 약 2천 년 전에 이런 거대한 건축물을 지은 걸 보면, 이 지역에 뛰어난 문명이 있었다는 걸 알 수 있지. 실제로 멕시코와 중앙아메리카 곳곳에는 일찍부터 문명

194년 한반도
고구려에서 진대법을 실시하다

진대법은 나라에서 봄부터 가을까지 곡식을 빌려준 뒤, 가을 추수 뒤에 갚도록 하는 제도야. 옛날에는 백성들이 먹을 것이 없어 굶주리는 경우가 많았거든. 흉년이 들면 굶어 죽는 사람들도 많았지. 그런 걸 막기 위해서 나라에서 곡식을 빌려준 거야. 그냥 주면 더 좋겠지만, 그러면 곡식이 너무 많이 드니까 일단 빌려준 뒤에 수확을 하게 되면 이자를 더해 갚도록 했지. 고구려에서 시작한 진대법은 고려의 의창, 조선의 환곡 등으로 이어졌어. 이런 제도는 다른 나라에도 있었단다.

이 발달했어. 테오티우아칸도 그중 하나고 말이야 (테오티우아칸은 '신들의 도시'라는 뜻이래).

이곳의 피라미드는 이집트 피라미드와는 스타일이 달라. 이집트 피라미드가 파라오(왕)의 무덤이라면, 테오티우아칸의 피라미드는 신에게 제사를 지내는 신전이었거든(이건 중앙아메리카의 다른 피라미드도 마찬가지야). 멕시코와 중앙아메리카 사람들은 이렇게 큰 신전을 중심으로 거대한 도시를 이루고 살았단다.

테오티우아칸보다 먼저 발달한 마야 문명도 곳곳에 피라미드 도시를 남겼어. 이 지역을 대표하는 마야 문명은 무려 기원전 2000년쯤에 시작되어 17세기까지 이어졌거든. 처음에는 작은 마을에서 시작해 점점 큰 도시를 만들게 되었지. 마야 사람들은 상형문자를 썼고, 아주 정확한 달력도 사용했대. 돌을 쌓아서 건물을 만드는 기술이 발달한 건 남아있는 피라미드를 보면 알 수 있고 말이야.

남아메리카에서도 안데스산맥을 중심으로 다양한 문명이 생겨났어. 이들도 기원전 2000년쯤부터 나름의 문명을 일구었지. 멕시코나 중앙아메리카처럼 거대한 피라미드를 만들지는 않았지만, 아주 뛰어난 건축물과 토기, 장식물 등을 남겼단다.

013
313년
로마가 기독교를 받아들이다

황제가 다스리는 제국이 된 후로 로마는 전성기를 맞이했어. 특히 12대 황제인 네르바부터 5명의 현명한 황제가 잇따르면서 "로마의 평화 시대(팍스 로마나)"가 이루어졌지. 하지만 3세기에 접어들면서 로마는 혼란에 빠져들었어. 군인들의 힘이 커지면서 자기들 마음대로 황제를 갈아치웠거든. 황제를 지키는 근위대가 오히려 황제를 암살하는 일까지 벌어졌다니 말 다 했지. 그런 탓에 235년부터 49년 동안 무려 26명의 황제들이 즉위하게 되었단다.

그 뒤에 황제가 된 디오클레티아누스는 이런 혼란을 바로잡으려고 노력했어. 우선 황제의 힘을 키우고 군대를 확실하게 휘어잡았지. 또한 거대해진 로마를 더욱 잘 다스리기 위해서 나라를 넷으로 나누어 두 명의 황제와 두 명의 부황제가 다스리도록 했어. 그는 21년 동안 로마를 다스리면서 많은 업적을 남겼단다.

이렇게 수십 년이 흐른 뒤, 마침내 기독교는 로마의 국가 종교가 되었단다. 기독교는 로마 제국을 등에 업고 전 세계로 퍼져나갔고, 로마는 기독교를 이용해서 거대한 제국을 하나로 통합할 수 있게 된 거야.

디오클레티아누스가 죽은 후 부황제가 된 콘스탄티누스는 4개로 나누어진 로마 제국을 다시 하나로 통일하기 위해 전쟁을 벌였어. 아무래도 나라가 나뉘어

있다 보니 혼란스러웠기 때문이야. 또한 콘스탄티누스 황제는 기독교를 받아들였어. 분열된 로마를 통일하는 데는 여러 신을 믿는 로마 전통 종교보다 유일신을 섬기는 기독교가 도움이 될 거라고 생각했거든. 덕분에 그때까지

313년 한반도
고구려가 낙랑군을 정복하다

로마의 콘스탄티누스 황제가 기독교를 받아들인 바로 그 해, 한반도 북부의 고구려는 지금의 평양 일대를 지배하던 낙랑군을 차지했어. 낙랑군은 중국 한나라가 고조선을 무너뜨리고 그 지역에 세운 4개의 군 중 하나야(이걸 뭉뚱그려 '한사군'이라고 불러). 한사군 중 나머지 셋은 생긴 지 얼마 안 되어 사라지고 낙랑군만 남게 되었어. 낙랑군은 중국의 문물을 주변국에 전파하는 역할도 했지만, 한반도의 나라들이 발전하는데 방해가 되기도 했지. 그런 까닭에 낙랑군을 정복한 고구려는 크고 강한 나라로 성장하게 되었단다.

로마의 전통 신들을 믿지 않는다는 이유로 사형을 당하고 재산을 빼앗겼던 기독교도들이 목숨을 구하고 재산도 되찾게 되었어.

정말 기독교에서 믿는 유일신의 도움을 받은 덕분일까? 결국 콘스탄티누스 황제는 로마를 통일하는데 성공했어. 그는 자기 이름을 따서 콘스탄티노플이라는 새로운 도시를 건설하고 수도를 로마에서 그곳으로 옮겼지(이 도시가 지금의 이스탄불이야).

콘스탄티누스 황제의 성공과 함께 기독교의 힘도 급속히 커졌어. 전에는 기독교를 믿는 게 목숨을 걸어야 하는 일이었는데, 이제는 성공하려면 기독교인이 되어야 할 정도였으니까. 이렇게 수십 년이 흐른 뒤, 마침내 기독교는 로마의 국가 종교가 되었단다. 기독교는 로마 제국을 등에 업고 전 세계로 퍼져나갔고, 로마는 기독교를 이용해서 거대한 제국을 하나로 통합할 수 있게 된 거야.

[콘스탄티누스 황제]

320년
인도 문화를 발전시킨 굽타 왕조가 태어나다

콘스탄티누스 황제가 기독교를 받아들이고 몇 해 뒤, 인도에선 찬드라굽타가 굽타 왕조를 열었어(마우리아 왕조를 세운 찬드라굽타 마우리아와 이름이 비슷하군). 이 무렵 인도는 마우리아 왕조가 망하고, 그 뒤를 이어 북인도를 지배하던 쿠샨 왕조마저 약해져서 혼란스러운 상황이었지. 이때 찬드라굽타가 등장해서 굽타 왕조를 열고 다시 북인도를 통일한 거야.

약 230년가량 지속된 굽타 왕조 시대는 인도 역사에서 아주 중요해. 인도의 중요한 종교와 문화 중 상당수가 이 시기에 만들어졌거든. 지금도 대부분의 인도인들이 믿는 힌두교가 틀을 갖춘 것도 굽타 왕조 시대야. 힌두교에는 기독교의 예수나 이슬람교의 무함마드 같은 창시자가 없어. 아주 오래전부터 인도 사람들이 믿어오던 여러 종교가 합쳐진 거거든.

**굽타 시대에는 수학과 천문학, 의학도 발달했어.
당시 인도인들은 지구가 둥글고 자전한다는 사실과
지구의 그림자가 달을 가리는 월식의 원리도 알고 있었어.**

그래서 힌두교에는 수많은 신이 있단다(심지어 3억 3천만이라는 주장도 있어!). 그중 가장 중요한 건 브라흐마와 비슈누, 시바 신이야. 이 신들은 각각 우주를 창조하고(브라흐마), 유지하고(비슈누), 파괴한다(시바)고 해. 굽타 왕조

> **346년 한반도**
> ## 백제의 전성기를 이끈 근초고왕이 즉위하다
>
> 삼국 중에서 가장 먼저 전성기를 맞이한 것은 백제였어. 그걸 이끈 사람은 근초고왕이었지. 그는 여러 가지 제도를 손질해서 나라의 힘을 키웠고, 이를 바탕으로 영토를 넓혔단다. 남쪽으로는 전라도 지역 전체를 손에 넣었고, 북으로는 고구려 땅도 빼앗았어. 특히 371년에는 태자와 함께 직접 군대를 이끌고 평양성을 공격해서 고구려 고국원왕을 전사하게 만들기도 했지. 중국, 일본 등과 정식으로 외교 관계를 맺고 바다를 통해 활발히 교류하면서 경제적 이익도 얻고 문화도 발전시켰어.

의 왕들은 자신을 비슈누에 빗대면서 힌두교를 보호하고 발전시켰지.

굽타 시대에는 문학도 발전했어. 아주 오래전부터 입에서 입으로 전해오던 〈마하바라타〉나 〈라마야나〉 같은 문학 작품들이 완성된 것도 굽타 왕조 때의 일이야. 이것들은 아주 오래전에 일어난 역사적 사건과 신화가 합쳐진 환상적인 작품이지. 지금도 전 세계의 수많은 사람들이 이 작품들을 읽고 있어.

굽타 시대에는 수학과 천문학, 의학도 발달했어. 당시 인도인들은 지구가 둥글고 자전한다는 사실과 지구의 그림자가 달을 가리는 월식의 원리도 알고 있었어. 요즘 우리가 쓰고 있는 숫자를 처음 만든 것도 인도인이었지. 이게 훗날 아라비아를 통해 유럽으로 전해져서 '아라비아 숫자'로 불리게 된 거야. 이런 다양한 지식이 이슬람 세계에 전해져서 자연과학 발달에 큰 도움을 주었단다.

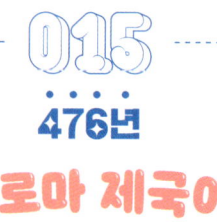

015
476년
서로마 제국이 멸망하다

기독교를 로마의 국교로 만든 건 테오도시우스 황제였어. 그는 콘스탄티누스 황제가 다시 하나로 합친 로마 제국을 잘 다스리기 위해 노력했단다. 기독교를 국교로 삼은 것도 제국의 통일을 유지하기 위해서였지. 하지만 테오도시우스 황제가 죽은 후, 로마는 둘로 나뉘었어. 황제의 두 아들이 로마를 동서로 갈라서 사이좋게(?) 나눠 가진 거야. 서로마 제국의 수도는 로마, 동로마 제국은 콘스탄티노플이 되었고 말이야. (나중에는 교회 또한 서로마의 '로마 가톨릭'과 동로마의 '그리스 정교회'로 나뉘었어)

분열 이후 동로마와 서로마는 전혀 다른 길을 걸었어. 동로마는 1000년 넘게 번영하면서 세계사의 주역이 되었고, 서로마는 100년도 되지 않아 멸망하고 말았으니까. 사실 이건 어느 정도 짐작된 일이었어. 동로마에는 식량을 많이 생산하던 이집트 같은 알짜배기 지역이 많았고, 서로마는 이전부터 거듭되는 이민족의 침입으로 혼란스러운 상황이었거든.

> 분열 이후 동로마와 서로마는 전혀 다른 길을 걸었어.
> 동로마는 1000년 넘게 번영하면서 세계사의 주역이 되었고,
> 서로마는 100년도 되지 않아 멸망하고 말았으니까.

서로마 지역을 침범한 건 현재 독일과 오스트리아, 북유럽인들의 조상인 게

475년 한반도
백제가 웅진으로 도읍을 옮기다

서로마 제국이 멸망하기 한 해 전, 고구려의 장수왕이 백제를 공격했어. 광개토왕의 뒤를 이은 장수왕은 도읍을 남쪽인 평양성으로 옮기고 백제가 차지하고 있던 한강 언저리 땅을 호시탐탐 노리고 있었거든. 차근차근 전쟁 준비를 마친 장수왕은 공격한 지 한 달 만에 백제의 도읍이었던 한성(지금의 서울)을 빼앗고 백제 개로왕을 죽였어. 개로왕의 아들인 문주왕은 수도를 한성에서 웅진(지금의 공주)로 옮기고 혼란을 수습하려고 했지만 쉽지 않았지. 이와 반대로 한강 유역을 차지한 고구려는 전성기를 맞이하게 되었단다.

르만족이었어. 이들은 원래 로마 북부에 살고 있었는데, 인구가 늘자 농토를 찾아 점차 남쪽으로 내려왔지. 그러다 갑자기 서쪽에서 밀려온 훈족에 쫓겨서 수많은 게르만족이 서로마 땅으로 밀려오게 된 거야(그런데 훈족이 누구인지, 왜 서쪽에서 밀려왔는지는 지금도 미스터리란다).

마침 군인 숫자가 부족했던 로마는 게르만족을 용병(대가를 주고 고용한 병사)으로 삼았어. 시간이 지나면서 게르만족 용병은 더욱더 늘어났고, 나중에는 로마군 대부분을 차지하게 되었지. 이런 상황에서 게르만족은 서로마 땅에 자신들의 독립 왕국들을 여러 개나 세웠어. 이제 서로마 제국은 껍데기만 남게 된 거야.

476년, 마침내 게르만족 용병 대장인 오도아케르가 반란을 일으켜 로물루스 황제를 폐위시키면서 서로마 제국은 멸망하고 말았어. 서로마 제국이 사라진 자리에는 게르만족 왕국이 들어섰지. 이들은 더 이상 로마인들이 깔보던 야만족이 아니었어. 로마의 문화와 제도를 받아들이고 더욱 발전시킬 정도였으니까. 물론 동로마 제국은 여전히 크고 강한 나라로 남아있었고 말이야. (동로마 제국은 콘스탄티노플의 옛 이름을 따서 '비잔티움 제국'이라고도 해)

016
589년
수나라가 중국을 통일하다

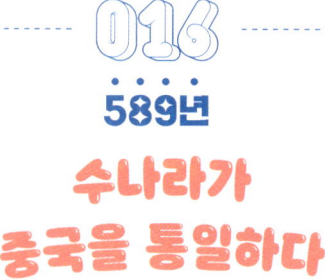

로마가 동서로 나뉘어 있을 무렵, 중국은 남북으로 갈라져 있었어. 로마처럼 거대한 제국이었던 한나라가 망한 뒤에 여러 나라가 생겨나서 엎치락뒤치락 싸우다가, 이때쯤 남과 북을 대표하는 한 나라씩만 남게 되었거든(그래서 이때를 '남북조 시대'라고 불러).

**수나라는 진나라를 무너뜨리고 다시 중국을 통일하게 되었단다.
한나라가 멸망하고 중국이 분열된 지 369년 만의 일이야.**

이중 남쪽의 송나라는 한나라를 세웠던 한족이 세운 나라야. 원래 한나라는 중국 북쪽에 있었는데, 그보다 더 북쪽에 있던 다른 북방 민족들이 쳐들어오자 남쪽으로 쫓겨가서 새로운 나라를 세운 거란다. 일찍이 진시황이 북방 민족을 막기 위해 세운 만리장성도 소용이 없었던 거지.

북쪽에 자리 잡은 북위는 바로 그 북방 민족이 세운 나라야. 원래는 다섯 북방 민족이 16개의 나라를 세웠는데,

612년 한반도
을지문덕 장군이 살수에서 대승하다

수나라의 중국 통일은 한반도에도 큰 영향을 줬어. 자기들끼리 나뉘어 싸울 때는 주변을 신경 쓸 여유가 없었는데, 하나로 뭉쳐 큰 나라가 되니까 이웃나라까지 노리게 되었거든. 이걸 눈치챈 고구려가 먼저 수나라를 공격했어. 그러자 수나라는 30만 대군을 고구려로 보냈지. 하지만 오는 도중에 홍수에다 전염병까지 돌아서 제대로 싸움도 못하고 돌아가야 했어. 양견의 뒤를 이어 수나라의 황제가 된 수양제는 무려 100만 명이 넘는 대군으로 고구려를 쳤어. 하지만 고구려의 명장 을지문덕에게 살수(지금의 청천강)에서 큰 패배를 당했고, 결국 얼마 지나지 않아 수나라는 멸망하게 되었단다.

이걸 북위가 통일했지. 남쪽의 송나라는 제나라와 양나라, 진나라로 이어지고, 북위는 동위와 서위로 나뉘었다가 북제와 북주로 바뀌었어. 그러다 북주가 북제를 무너뜨리고 북쪽의 유일한 나라가 되었단다.

북제를 멸망시킨 북주의 황제는 남쪽의 진나라마저 정복하려고 했어. 그는 나라를 잘 다스렸을 뿐만 아니라 군대도 아주 잘 지휘했으니 충분히 가능한 일이었지. 하지만 북주의 황제는 갑자기 병이 나서 죽고 말았어. 그 뒤를 이은 새 황제는 무능한데다 성질도 아주 나빴어. 나랏일은 내팽개친 채 향락에 빠져 살다가 젊은 나이에 죽고 말았지. 그러자 권력은 황제의 장인이었던 양견의 손에 들어갔어. 양견은 어린 외손자에게서 황제의 자리를 넘겨받고 새로운 나라를 세웠어. 이게 바로 수나라야.

하늘이 수나라를 도운 걸까? 때마침 진나라에도 무능하고 향락만 즐기는 새 황제가 즉위했어. 결국 몇 년 지나지 않아 수나라는 진나라를 무너뜨리고 다시 중국을 통일하게 되었단다. 한나라가 멸망하고 중국이 분열된 지 369년 만의 일이야.

017

622년
헤지라, 이슬람의 시작

고구려와 수나라가 국가의 운명을 건 전쟁을 벌이는 동안, 사막의 모래바람 가득한 아라비아반도에서는 세계사의 흐름을 바꿔 놓을 종교가 태어났어. 아라비아반도의 상업 중심지인 메카라는 도시에서 기도와 명상을 하며 지내던 무함마드가 어느 날 알라(하느님)의 계시를 받고 이슬람교를 창시한 거야 ('이슬람'은 '신에게 순종한다'는 뜻이래).

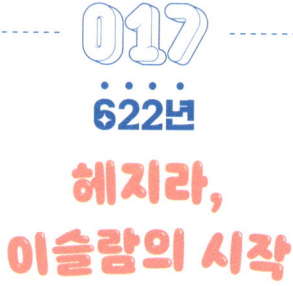

그는 "신은 오직 한 분"이며, "우리는 모두 신 앞에 평등하다"라는 단순 명쾌한 진리를 전파했고, 이게 사람들의 마음을 사로잡았어.

그는 "신은 오직 한 분"이며, "우리는 모두 신 앞에 평등하다"라는 단순 명쾌한 진리를 전파했고, 이게 사람들의 마음을 사로잡았어. 사람과 돈이 몰리는 메카에는 각자가 믿는 수많은 종교까지 들어와서 혼란스러웠거든. 더구나 신 앞에선 누구나 평등하다는 말은 극심한 빈부격차와 불평등에 시달리고 있던 사람들에게 희망을 주었지.

하지만 메카의 지도층은 생각이 달랐어. 이들은 수많은 신을 이용해서 장사를

645년 한반도
고구려가 안시성에서 당나라 대군을 막아내다

수나라의 뒤를 이은 당나라도 고구려를 침략했어. 당나라의 전성기를 이끌었던 황제 태종이 직접 대군을 거느리고 쳐들어왔지. 이들은 고구려의 성을 하나씩 무너뜨리면서 전진했어. 수나라가 고구려의 수도 평양성을 곧바로 공격했다가 실패한 데서 교훈을 얻은 거야. 하지만 당나라의 진군은 안시성에서 딱 막혔어. 수십만의 당나라 군대가 두 달 동안이나 총공격을 퍼부었지만, 군인과 백성들이 똘똘 뭉쳐서 안시성을 지켜냈지. 식량이 떨어지고 날씨마저 추워지자 당나라 군대는 물러날 수밖에 없었단다.

하고 있었거든. 더불어 다른 사람들보다 더 많은 특권을 누리고 있었지. 그러니 이들에게 무함마드의 말은 거슬릴 수밖에 없었던 거야. 결국 메카의 지도층은 무함마드를 죽이려 했고, 그는 멀리 떨어진 메디나로 피해야 했어. 이걸 이슬람에선 헤지라(성스러운 이주)라고 부르고, 이때부터 이슬람의 역사가 시작되었다고 여긴대.

메디나에서 세력을 키운 무함마드는 8년 뒤에 메카를 점령했고, 나중에는 아라비아반도 대부분을 차지했어. 그의 뒤를 이은 칼리프(후계자)들은 아시아, 아프리카로 세력을 넓혔지. 덕분에 많은 사람들이 무슬림(이슬람을 믿는 사람들)이 되었어. 이슬람이 빠르게 팽창한 건 군대를 가졌기 때문이야. 하지만 이들은 자신들의 종교를 강요하지 않았대. 다만 무슬림이 아닌 사람들에게서 세금을 더 거뒀다고 해. 무슬림이 되면 누구든 세금을 깎아줬고 말이야. 게다가 "신 앞에선 누구나 평등하다"라고 했으니, 엄청나게 많은 사람들이 자발적으로 이슬람으로 종교를 바꾸게 되었단다. 나중에는 세금이 너무 줄어들어서 새로 점령한 지역에서는 이슬람으로 개종하는 일을 금지할 정도였다니까.

018

670년경
'왜'에서 '일본'으로 나라 이름을 고치다

이슬람이 한창 세력을 넓힐 무렵, 일본은 나라 이름을 '왜'에서 '일본'으로 바꿨어. 왜(倭)라는 이름은 오래전에 중국에서 붙여준 건데, 여기에는 멸시하는 의미가 담겨 있대. 그래서 '해가 떠오르는 곳'이란 멋진 뜻의 일본(日本)이라고 바꾼 거야(하지만 이후로도 오랫동안 이웃나라들은 '왜'라고 불렀어).

이렇게 나라 이름을 바꾼 데는 이 무렵 일본이 크게 발전한 것도 한몫을 했어. 중국에서 율령(법과 제도)을 들여와 나라를 튼튼하게 만들고, 왕의 힘을 키워 나라의 질서를 바로잡았거든. 이때부터 일본에서는 왕을 '천황'이라고 부르기 시작했단다(이름만 보아도 왕보다 훨씬 더 힘이 셀 것 같군). 천황을 신으로 묘사한 〈고사기〉나 〈일본서기〉 같은 역사책을 만든 게 바로 이 시기의 일이야.

 **왜(倭)라는 이름은 오래전에 중국에서 붙여준 건데, 여기에는 멸시하는 의미가 담겨 있대. 그래서 '해가 떠오르는 곳'이란 멋진 뜻의 일본(日本)이라고 바꾼 거야.**

하지만 천황을 견제하는 일본 귀족들의 힘도 만만치 않았어. 이들은 자신들이 마음대로 주무를 수 있는 꼭두각시 천황을 세우고 권력을 휘두르기도 했

676년 한반도
신라가 삼국을 통일하다

당나라와 신라 연합군(나당 연합군)에게 백제가 멸망한 것은 660년, 고구려가 멸망한 것은 668년의 일이야. 그리고 8년 뒤, 신라는 대동강 이남에서 당나라 군을 완전히 몰아내고 삼국통일을 이루었어. 애초에 당나라와 손을 잡을 때 대동강 이남의 땅은 신라가 차지하기로 약속을 했는데, 당나라가 이를 어기자 신라가 전쟁을 벌여서 승리한 거야. 이 과정에서 백제와 고구려의 유민(망해서 없어진 나라의 백성)들은 일본으로 건너가기도 했어. 앞선 기술과 문화를 가지고 있던 이들은 일본이 발전하는데 큰 도움을 주었단다.

지. 물론 천황도 그냥 당하고만 있진 않았어. 틈만 나면 귀족 세력을 누르고 자신의 힘을 강화하기 위해 노력했단다. 도읍을 아스카에서 나라(710년)로, 다시 헤이안(794년)으로 옮긴 것도 이전 도읍에 뿌리내리고 있는 귀족 세력을 견제하기 위한 일이었어.

이렇게 천황과 귀족이 권력 다툼을 벌이는 동안에도 일본은 계속 발전했어. 여기에는 중국과 한반도의 앞선 문물을 들여온 것도 큰 역할을 했지. 일본은 수나라 때 '견수사', 당나라 때는 '견당사'란 이름으로 대규모 사절단을 보내서 선진 문물을 수입했거든. 백제와 고구려, 신라에서도 문화와 기술을 들여왔고 말이야.

이 시기에 일본은 중국 당나라의 수도인 장안성을 본떠서 헤이조쿄라는 거대한 도시를 만들었어. 또한 농업 생산량이 늘었고 전국의 광산도 개발했지. 불교를 바탕으로 한 문화도 크게 발전했어. 유네스코 세계유산인 나라시 도다이지에 있는 높이 15m짜리 거대 불상이 바로 이 무렵 백제인의 도움을 받아서 만든 거란다.

도다이지 대불

750년경
아바스 왕조가 이슬람 세계의 전성기를 이끌다

이슬람은 밖으로 세력을 넓혀갔지만 안에서는 권력 투쟁이 이어졌어. 무함마드의 뒤를 이은 네 명의 칼리프 중 세 명이 암살당할 정도였으니 말 다 했지. 특히 네 번째 칼리프인 알리를 따르던 세력(시아파)과 그렇지 않은 세력(수니파)은 알리가 살해당한 뒤에 갈등이 더욱 심해져서 이슬람 세계가 둘로 갈릴 정도였어(지금도 시아파와 수니파는 이슬람의 양대 종파를 이루고 있단다).

알리에게 도전해 칼리프가 된 우마이야는 자기 아들을 후임자로 정했어. 이전까지 칼리프는 여러 부족들이 합의해서 뽑았는데, 이제 왕처럼 대를 이어가게 된 거야. 최초의 이슬람 왕조가 시작된 셈이지. 우마이야 왕조는 수도를 시리아의 다마스쿠스로 옮기고(우마이야가 원래 시리아의 총독이었거든), 본격적인 정복전쟁을 벌여 나갔어. 동쪽으로는 북인도 인더스강까지, 서쪽으로는 현재 스페인 땅인 이베리아반도까지 진출했지.

그런데 우마이야 왕조는 자신들과 같은 아랍인(아랍어를 쓰는 민족)만 우대했어. 아랍인이 아닌 사람들은 개종해서 무슬림이 되었더라도 차별을 한 거야. 이건 무함마드의 가르침에 어긋나는 것이었고, 당연히 아랍인이 아닌 무슬림의 불만이 쌓여갔지. 이 불만을 등에 업고 새롭게 등장한 세력이 아바스 가문이었어. 이들은 우마이야를 알리의 원수로 여기던 시아파의 지지까지 끌어내어, 우마이야 왕조를 무너뜨리고 아바스 왕조를 세웠단다.

아바스 왕조는 약속대로 아랍인의 특권을 없애고 모든 무슬림을 평등하게

751년 한반도
김대성이 불국사와 석굴암을 짓기 시작하다

아바스 왕조가 탄생하고 1년 뒤, 신라 재상(최고로 높은 벼슬아치) 김대성이 불국사와 석굴암을 짓기 시작했어. 〈삼국유사〉에는 효심이 깊었던 김대성이 부모님을 위해 이를 지었다는 이야기가 나오지. 이 시기에는 삼국을 통일한 신라의 힘이 한창 절정에 이르렀어. 그래서 불국사와 석굴암같이 뛰어난 문화유산을 만들 수가 있었던 거야. 하지만 20여 년이 지나 불국사와 석굴암이 완성된 다음부터는 곳곳에서 반란이 일어나는 등 나라가 혼란에 빠져들었단다.

대했어. 그러자 사람들의 마음이 하나로 뭉치면서 더욱 강한 나라가 되었지. 중앙아시아에서 맞닥뜨린 당나라와 전투를 벌여 승리할 정도였으니까. 덕분에 동서양을 잇는 실크로드를 이슬람 세력이 차지하게 되었단다.

**아바스 왕조는 약속대로 아랍인의 특권을 없애고
모든 무슬림을 평등하게 대했어.
그러자 사람들의 마음이 하나로 뭉치면서 더욱 강한 나라가 되었지.**

아바스 왕조 때는 문화도 크게 발달했어. 유럽에서는 잊힌 고대 그리스 책들을 아랍어로 옮겨서 과학을 발전시켰고, 여러 도시에 병원이 세워질 정도로 의학도 진보했단다. 문학적으로도 성장했는데, 그 유명한 '아라비안나이트'가 만들어진 것도 아바스 왕조 때야.

800년
프랑크 왕국의 카롤루스 대제, 서로마 제국 황제의 관을 쓰다

서로마 제국의 뒤를 이은 게르만족의 나라 중 가장 크고 강한 건 프랑크 왕국이었어. 이들은 원래 살던 곳과 가까운 갈리아 지방(지금의 프랑스)에 자리를 잡아서 정착하기가 쉬웠지. 게다가 프랑크 왕국을 세운 클로비스가 기독교(로마 가톨릭)를 받아들여서 로마인들과 마찰도 별로 없었고 말이야. 덕분에 클로비스는 지금의 독일 땅까지 영토를 넓힐 수 있었단다.

하지만 클로비스가 죽은 뒤에는 왕권이 약해지면서 권력은 궁재(가장 높은 신하)였던 피핀 1세에게 넘어갔어. 그의 자손들은 궁재 자리를 물려받으면서 권력을 이어갔지. 피핀 1세의 손자인 카롤루스 마르텔은 이슬람 세력의 공격을 막아내서 기독교 세계를 지킨 것으로 유명해. 그리고 그의 아들 피핀 3세는 허수아비 왕을 몰아내고 스스로 왕이 되었단다.

그가 '대제(위대한 황제)'라고 불린 건 진짜 황제가 되었기 때문이야. 로마 교황이 서로마 제국의 부활을 선언하고 카롤루스에게 황제의 관을 씌워주었거든.

피핀 3세가 왕이 되는 데는 로마 교황의 도움이 컸어. 서로마 제국이 멸망한 뒤에도 로마 가톨릭을 이끌던 교황은 여전히 영향력이 대단했거든. 특히 기독교를 받아들인 게르만족 국가들은 교황의 말을 무시할 수 없었지. 교황의

818년 한반도
선왕이 즉위해 발해의 전성기를 이끌다

카롤루스 대제가 프랑크 왕국의 전성기를 이끌 무렵, 고구려의 뒤를 이은 발해에서는 제10대 왕인 선왕이 즉위했어. 그는 영토를 넓히고 백성을 잘 다스리면서 발해의 전성기를 이끌었지. 덕분에 선왕 때의 발해는 고구려보다 훨씬 더 넓은 영토를 갖게 되고 문화도 크게 발전했단다. 중국에서도 이런 모습에 감탄하여 발해를 해동성국(동쪽의 융성한 나라)이라고 불렀어. 이 시기 발해의 수도였던 상경에서 발견된 거대한 석등을 보면 발해가 얼마나 대단한 나라인지 짐작할 수 있지.

도움을 받아 왕위에 오른 피핀 3세는 교황에게 자신이 점령한 이탈리아 북쪽 땅을 떼어주었어(가는 정이 있으면 오는 정이 있는 법!). 이때부터 교황이 직접 다스리는 지역(교황령)이 생기게 되었고, 지금의 바티칸 시티로 이어지는 거야.

피핀 3세의 뒤를 이은 카롤루스 대제는 프랑크 왕국의 전성기를 이끌었어. 그가 '대제(위대한 황제)'라고 불린 건 진짜 황제가 되었기 때문이야. 로마 교황이 서로마 제국의 부활을 선언하고 카롤루스에게 황제의 관을 씌워주었거든. 비록 이름뿐인 부활이었지만 효과는 확실했어. 덕분에 카롤루스 대제는 마음 놓고 영토를 넓혀갔고, 교황은 프랑크 왕국을 든든한 후원자로 삼을 수 있었으니까(누이 놓고, 매부 좋은 격이로군!).

하지만 카롤루스 대제가 죽은 후 프랑크 왕국은 동프랑크와 중프랑크, 서프랑크로 분열되고 말았어. 이 나라들은 훗날 프랑스, 이탈리아, 독일로 이어지게 되었단다.

021
907년
중국 당나라가 멸망하다

프랑스 왕국이 분열될 무렵, 중국 당나라도 큰 혼란을 겪고 있었어. 물론 처음부터 그랬던 건 아니야. 수나라의 뒤를 이어 중국을 지배하게 된 당나라는 고구려를 비롯한 주변 나라들까지 차지해서 대제국을 이루었지. 농업과 상업이 발달해서 부유해졌고, 동서양을 잇는 실크로드까지 지배하면서 제국으로 발전했단다. 전 세계 사람들이 당나라 수도 장안으로 모여들었고, 이웃 나라들은 당나라를 따라 배우려고 노력했어. 특히 신라와 발해, 일본은 모두 당나라와 밀접한 관계를 맺으면서 성장하게 되었지.

당나라가 망한 뒤에는 여러 나라가 우후죽순 생겨나 엎치락뒤치락 싸움을 이어갔어. 마치 한나라가 망했을 때처럼 말이야. 그렇게 약 50년이 흐른 후, 송나라가 일어나 중국을 다시 통일했어.

하지만 8세기 중반, 안록산과 사사명이 잇따라 대규모 반란을 일으킨 뒤부터 당나라는 힘이 아주 약해지고 말았어(이걸 '안사의 난'이라고 불러). 그 뒤부터는 크고 작은 반란뿐 아니라 이웃 나라의 침략까지 이어지면서 혼란이 계속되었지. 지방에는 황제의 말을 듣지 않는 독립 세력이 생겨났고, 주변 나라에게 땅도 빼앗겼단다.

가끔은 훌륭한 황제가 나타나서 좋은 정치를 펼치기도 했지만 오래가지 못

900년 한반도
견훤이 후백제를 세우다

당나라에서 안사의 난이 일어날 무렵, 신라도 혼란기에 접어들었어. 전국에서 반란이 꼬리를 물며 일어났고, 그러다 왕이 죽는 일까지 벌어졌지. 이런 일이 계속되니 신라도 당나라처럼 껍데기만 남았어. 결국 지방마다 실력자들이 등장해서 스스로를 장군이나 성주라고 부르면서 마음대로 백성을 다스리게 되었단다. 그중 무진주(지금의 광주)에 자리 잡았던 견훤은 스스로 왕이 되어 후백제를 세웠어. 그리고 1년 뒤에는 궁예가 송악(지금의 개성)에 도읍을 정하고 후고구려를 세웠단다. 여기에 신라까지 더해져 후삼국 시대가 시작된 거야.

했어. 나중에는 황제를 모시던 환관들이 권력을 마음대로 휘두르면서 나라가 더욱 쇠약해졌지. 소금장수였던 황소가 이끄는 반란군을 막지 못해 황제가 도망갈 정도였다니까. 가까스로 황소의 반란은 진압했지만(이 과정에서 신라 유학생 출신 최치원이 큰 공을 세웠다고 해), 20여 년 뒤 당나라는 결국 멸망하고 말았어.

당나라가 망한 뒤에는 여러 나라가 우후죽순 생겨나 엎치락뒤치락 싸움을 이어갔어. 마치 한나라가 망했을 때처럼 말이야. 그렇게 약 50년이 흐른 후, 송나라가 일어나 중국을 다시 통일했어. 송나라에서는 과거 시험을 통해 철저하게 능력 위주로 관리를 뽑은 덕분에 나라가 발전할 수 있었어. 농업뿐 아니라 상업과 다른 산업들도 발달했고 인구도 빠르게 불어났지. 하지만 군사력이 약한 게 결정적인 약점이었어. 그런 탓에 기회가 있을 때마다 중국을 노리던 북방 민족의 침략을 막아내지 못하고 남쪽으로 쫓겨가고 말았어(이때부터를 남송, 쫓겨가기 이전을 북송이라고 불러).

022 939년
베트남이 1000년 만에 중국으로부터 독립하다

당나라가 망하고 시작된 중국의 혼란은 이웃나라 베트남에겐 기회가 되었어. 그 무렵 베트남은 1000년 넘게 중국의 지배를 받고 있었거든. 당나라가 힘이 셀 때는 독립을 꿈도 못 꾸었는데, 드디어 독립할 기회가 온 거야.

중국이 처음 베트남을 지배하기 시작한 건 한나라 때였어. 당시 베트남에는 남월이라는 나라가 있었는데, 한나라가 군대를 보내 남월을 정복하고 9개의 군을 세운 거야. 이게 기원전 111년의 일이었어(그리고 3년 뒤에는 고조선을 멸망시키고 4개의 군을 세웠지).

**당나라가 망한 뒤에 다시 한 번 독립의 기회가 온 거야.
이 기회를 잡은 건 독립영웅 응오꾸엔이었어.
그는 어려서부터 체격이 크고 호랑이처럼 힘이 셌다고 해.**

한나라부터 시작된 중국의 베트남 지배는 수나라와 당나라를 이어가며 계속됐어. 물론 베트남 사람들도 가만히 있기만 한 건 아니야. 40년경에는 쯩짝과 쯩니 자매가 반란을 일으켜서 한나라 군대를 몰아내기도 했지. 하지만 곧 중국에서 더 많은 군대가 와서 반란은 실패하고 쯩 자매는 죽고 말았단다(지금도 베트남 사람들은 쯩 자매를 독립 영웅으로 존경하고 있어).

쯩 자매 이후에도 베트남은 독립하려고 끊임없이 노력했어. 베트남 중남부

936년 한반도
고려가 후삼국을 통일하다

후삼국을 통일한 건 궁예의 부하 왕건이었어. 그는 궁예를 쫓아내고 고려를 세운 뒤, 신라를 차지하고 마침내 후백제까지 정복했거든. 처음 고려를 세웠을 때는 후백제의 견훤에게 밀렸어. 한번은 후백제 군에게 포위되어 거의 죽을 뻔하기도 했지. 하지만 행운의 여신은 왕건 편이었어. 견훤의 큰아들이 반란을 일으켜서 왕이 되었는데, 후백제를 탈출한 견훤이 왕건에게 항복한 거야. 견훤을 앞세운 왕건은 손쉽게 후백제를 차지할 수 있었단다. 거기다 거란족에게 패망한 발해의 왕족과 백성들까지 받아들이면서, 고려는 우리 민족을 대표하는 나라가 된 거야.

에선 말레이시아에서 온 참족이 한나라 세력을 몰아내고 참파 왕국을 세우는데 성공했지. 하지만 베트남의 다수를 차지하는 비엣족이 사는 북베트남은 여전히 중국의 지배에서 벗어나지 못했어. 한나라가 망한 뒤에는 곳곳에서 반란이 일어나 독립 왕조가 세워지기도 했지만 얼마 가지 못했지. 그러다 당나라가 망한 뒤에 다시 한 번 독립의 기회가 온 거야.

이 기회를 잡은 건 독립 영웅 응오꾸엔이었어. 그는 어려서부터 체격이 크고 호랑이처럼 힘이 셌다고 해. 응오꾸엔은 베트남 독립 전쟁을 이끌던 즈엉지엔응에의 사위가 되었는데, 장인이 죽은 뒤 베트남군 대장이 되어 중국 세력을 완전히 몰아내고는 응오 왕조를 세웠단다. 베트남 사람들은 이때부터 자신들이 중국의 지배를 벗어나게 되었다고 생각해. 비록 응오 왕조는 50여 년 만에 망했지만, 중국이 아니라 다른 베트남 왕조들이 그 뒤를 이었거든. 이들은 나중에 참파 왕국까지 차지하면서 베트남 전체를 다스리게 되었어.

1

400만 년 전~1000년

2

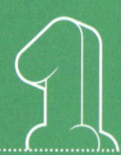

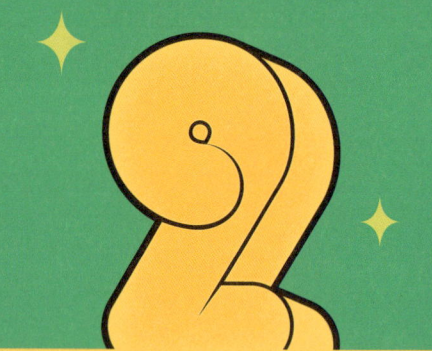

1001년~1600년

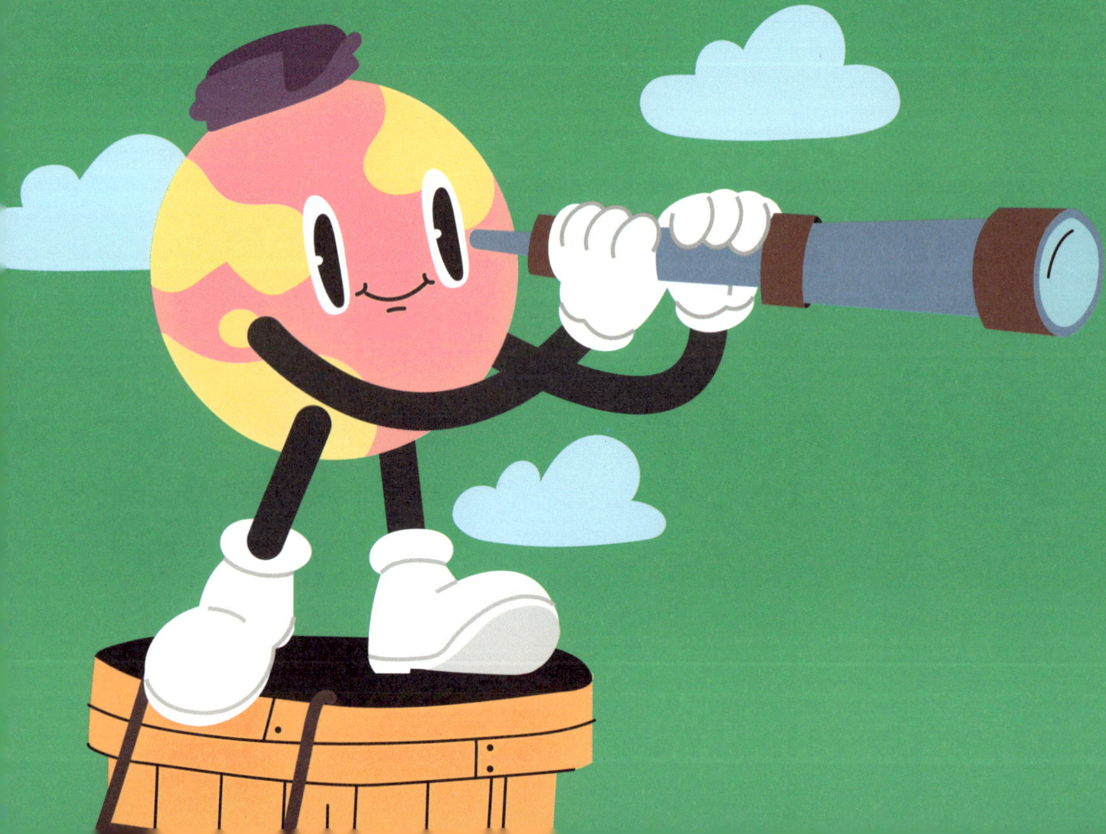

 1601년~1900년

 1900년~현재

1001년~1600년

세계사

1088년	1096년	1122년	1185년	1206년
유럽 최초의 대학이 문을 열다	십자군이 무슬림과 전쟁을 시작하다	크메르 제국의 수리야바르만 2세가 앙코르 와트를 세우다	일본 최초의 무사 정권, '가마쿠라 막부'가 세워지다	칭기즈 칸, 몽골을 통일하다

1024년 아라비아 상인들이 고려를 방문하다

1107년 윤관이 여진족을 정벌하고 9개의 성을 쌓다

1135년 묘청이 서경에서 반란을 일으키다

1170년 고려의 무신들이 권력을 잡다

한국사

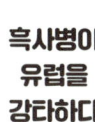

말리 왕국의
만사 무사,
메카 순례 길에
황금을 뿌리다

흑사병이
유럽을
강타하다

칭기즈 칸의
후예 티무르,
몽골 제국을 잇는
왕조를 열다

농민 출신
주원장,
명나라를 세우다

영국의 존 왕이
〈대헌장〉에 서명하다

명나라 정화가
대항해를 떠나다

| 1215년 | 1324년 | 1346년 | 1368년 | 1370년 | 1405년 |

1219년
고려와 몽골이
형제 나라가 되다

1356년
공민왕이
친원파 기철의
목을 치다

1388년
이성계가
위화도 회군으로
권력을 잡다

1398년
'왕자의 난'이
일어나다

1270년
삼별초가 몽골군과
최후까지 싸우다

1274년
고려와
몽골 연합군이
일본을 공격하다

1361년
홍건적이
개경을 점령하다

17세 프랑스 소녀
잔 다르크가
영국군을 격파하다

구텐베르크가
금속활자 인쇄기를
발명하다

오스만 제국,
콘스탄티노플을
무너뜨리다

'오닌의 난'이
일본의
'전국 시대'를 열다

콜럼버스가
아메리카 대륙을
발견하다

루터가
종교 개혁을
시작하다

| 1429년 | 1445년 | 1453년 | 1467년 | 1492년 | 1517년 |

1441년
세계 최초로
측우기를 만들다

1455년
수양대군이
단종을 쫓아내고
왕위에 오르다

1485년
조선의 기본 법전인
〈경국대전〉이
완성되다

1510년
삼포왜란이
일어나다

1443년
세종대왕이
훈민정음을 만들다

1506년
연산군이 쫓겨나고
중종이 즉위하다

1001년~1600년

코페르니쿠스,
'지동설'을 주장하는 책을 펴내다

티무르의 후예 바부르,
인도에 무굴 제국을
세우다

영국이 스페인의
무적함대를
격파하다

멕시코의
아즈텍 제국이
멸망하다

영국이
동인도회사를
세우다

| 1521년 | 1526년 | 1543년 | 1588년 | 1600년 |

1519년
정치를 개혁하던
조광조가
목숨을 잃다

1543년
조선 최초의
서원이 문을 열다

1545년
문정왕후가
수렴청정을
시작하다

1592년
임진왜란이
시작되다

1596년
정유재란이
일어나다

1001년~1600년 **59**

1088년
유럽 최초의 대학이 문을 열다

유럽 최초의 대학은 이탈리아 볼로냐에서 생겼어. 그 뒤를 이어 프랑스 파리, 영국 런던 등에서도 대학이 문을 열었지. 이렇게 유럽의 대학은 큰 도시를 배경으로 태어났어. 이 무렵 유럽에서는 사람들이 도시로 몰려들면서 수준 높은 학문을 배우려는 욕구가 폭발했거든. 도시는 상업이 발달해서 사람들이 잘 살았을 뿐 아니라 귀족의 지배를 받는 농촌보다 훨씬 자유로운 분위기였던 것도 이유가 되었지.

초창기 유럽 대학은 국가나 교회에서 만든 게 아니라 교수와 학생들이 스스로 설립했어. 학생들이 모여서 배우고 싶은 교수를 모셔오거나, 교수가 수업을 열면 학생들이 찾아와서 배우는 식이었지. 그래서 처음에는 번듯한 건물도 없이 성당이나 마을회관 같은 곳을 빌려서 수업을 했어. 나중에는 멋진 건물을 지었지만 말이야.

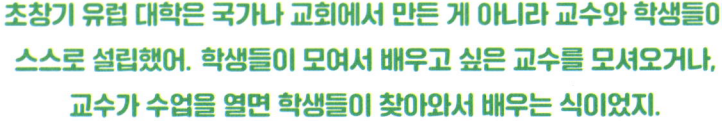

초창기 대학에는 학과가 많지 않았어. 신입생들은 4~6년 동안 기초 학문을 배운 뒤에 신학, 법학, 의학 중 하나를 선택할 수 있었지. 볼로냐 대학은 법학, 파

> ### 1024년 한반도
> ### 아라비아 상인들이 고려를 방문하다
> 고려는 세계로 열린 나라였어. 고려의 수도인 개경 인근의 벽란도는 여러 나라 상인들이 드나들던 국제 무역 항구였지. 그중에는 멀리 아라비아에서 온 상인들도 있었단다. 고려의 역사를 담은 <고려사>에는 1024년 아라비아 상인 100여 명이 고려를 방문해서 여러가지 진귀한 물건들을 왕에게 바쳤다는 기록이 있어. 이듬해인 1025년과 1040년에도 많은 아라비아 상인들이 왔다고 해. 이들은 올 때마다 귀한 선물을 바쳤고, 고려에서도 답례로 많은 금과 비단을 주었어. 전 세계를 누비며 장사를 하던 아라비아 상인들이 '고려'라는 이름을 알린 덕분에 '코리아'라는 이름이 생겨났대.

리 대학은 신학으로 유명했단다. 이렇게 전공을 선택하고, 해당 전공에 대한 학위를 받는 대학 시스템은 이때부터 시작된 거야. 하지만 이렇게 수준 높은 전문 지식을 가르치는 교육기관이 유럽에만 있었던 건 아냐. 인도에는 이미 수백 년 전부터 불교를 중심으로 철학, 문학, 수학 등을 가르치는 학교가 있었고, 이슬람 국가들에도 종교와 기타 학문을 배우는 학교들이 있었어. 이런 학교들을 뭉뚱그려 대학이라고 부르기도 해. 그래서 세계 최초의 대학은 인도나 이슬람 국가에서 생겨났다고 주장하는 사람들도 있어. 859년에 문을 연 이슬람 최초의 알카라윈 대학교는 '세계에서 가장 오래된 고등교육 기관'으로 기네스북에 오르기도 했단다.

그렇지만 대학의 기준을 요즘과 같이 전공을 선택하고 학위를 받는 것으로 본다면, 볼로냐 대학을 세계 최초의 대학이라고 말할 수 있어. 오늘날 전 세계의 대학들은 유럽에서 생겨난 시스템을 따라 하고 있는 거니까 말이야.

024
1096년
십자군이 무슬림과 전쟁을 시작하다

'십자군'이란 유럽의 기독교도들이 결성한 군대야. 기독교의 상징인 십자가와 군대를 합친 말이지(평화를 강조하는 종교와 사람을 죽이는 군대가 함께라니 좀 어색하군). 십자군은 이슬람 세력이 지배하던 예루살렘을 되찾기 위해 만들어졌어. 예수가 십자가에 못 박혀 죽은 장소인 예루살렘은 기독교의 으뜸가는 성지(신성한 장소)였거든. 1095년 결성된 십자군은 이듬해 예루살렘을 향해 진군했고, 3년 후에는 그곳을 차지하게 되었단다.

근데 이게 좀 이상해. 예루살렘은 이미 7세기 중반부터 이슬람 세력이 다스리고 있었거든. 그리고 예루살렘에서는 종교의 자유가 보장되고 있었어. 유럽의 기독교인들이 예루살렘으로 성지 순례를 할 수도 있었지. 그런데 왜 갑자기, 수백 년이나 지난 뒤에 유럽인들은 십자군을 결성해서 예루살렘을 정복하러 나선 걸까? 여기에는 몇 가지 이유가 있어.

이 무렵 이슬람 세계는 혼란을 거듭하고 있었어. 이슬람의 전성기를 이끌던 아바스 왕조가 약해지면서 새로운 이슬람 왕조들이 생겨나 서로 싸웠거든. 그중 가장 강한 나라는 셀주크튀르크 제국이었어. 그런데 이들이 예루살렘을 차지하고는 기독교인을 탄압하기 시작한 거야. 유럽

인들의 예루살렘 순례도 방해했고 말이야. 그러면서 비잔티움 제국(동로마 제국)과도 충돌하기 시작했단다.

셀주크튀르크에게 밀린 비잔티움 황제는 로마 교황을 찾아가서 도움을 요청했어. 그러자 교황은 유럽인들에게 예루살렘의 기독교도를 괴롭히는 이슬람 세력을 몰아내자고 호소했지. 이 외침을 들은 유럽 왕과 기사, 농민들까지 십자군 전쟁에 뛰어들게 된 거야.

1107년 한반도

윤관이 여진족을 정벌하고 9개의 성을 쌓다

후삼국을 통일한 고려는 중국 송나라와 친하게 지냈지만, 거란과 여진 같은 북방민족들과는 사이가 좋지 않았어. 추운 날씨 탓에 먹을 것이 부족한 북방민족들은 툭하면 고려로 쳐들어와 식량과 물자를 약탈했거든. 나중에는 힘을 키워 나라를 세우고는 전쟁을 일으키기도 했지. 먼저 나라를 세운 거란은 고려를 세 번이나 침략했어. 거란을 막아낸 고려는 여진족이 세력을 키우자 이번에는 먼저 공격했어. 윤관 장군이 이끄는 고려군은 여진을 북쪽으로 몰아내고 9개의 성을 쌓았단다.

**그런데 십자군 전쟁이 벌어진 이유가 신앙심 때문만인 건 아니었어.
로마 교황은 이번 기회에 자기 세력을 비잔티움 제국까지 넓히고 싶어했지.
유럽의 왕과 기사들은 이슬람 세력이 차지하고 있는 땅과 물자를 탐냈고 말야.**

그런데 십자군 전쟁이 벌어진 이유가 신앙심 때문만인 건 아니었어. 로마 교황은 이번 기회에 자기 세력을 비잔티움 제국까지 넓히고 싶어했지. 유럽의 왕과 기사들은 이슬람 세력이 차지하고 있는 땅과 물자를 탐냈고 말야. 이렇게 신앙심과 탐욕이 어우러져 시작된 십자군 전쟁은 무려 200년 가까이 계속되었어. 이 전쟁으로 인해 이슬람 세계뿐 아니라 유럽 사회도 큰 변화를 겪게 되었단다.

1122년
크메르 제국의 수리야바르만 2세가 앙코르 와트를 세우다

유럽에서 십자군 전쟁이 시작될 무렵, 동남아시아 캄보디아에는 크메르 제국이 자리잡고 있었어. 802년에 문을 연 크메르 제국은 캄보디아뿐 아니라 태국, 라오스, 베트남 남부까지 아우르는 대제국이었지. 전성기 때는 같은 시기 동로마 제국보다 영토가 더 넓었다고 해.

**크메르 제국의 전성기를 이끈 수리야바르만 2세는
이곳에 거대한 힌두교 사원을 세웠는데,
그게 바로 오늘날 세계적으로 유명한 앙코르 와트야
(앙코르는 '왕의 도시', 와트는 '사원'이란 뜻이란다).**

크메르 제국의 수도는 지금 캄보디아 씨엠립 인근의 앙코르였어. 크메르 제국의 전성기를 이끈 수리야바르만 2세는 이곳에 거대한 힌두교 사원을 세웠는데, 그게 바로 오늘날 세계적으로 유명한 앙코르 와트야(앙코르는 '왕의 도시', 와트는 '사원'이란 뜻이란다). 당시 크메르 제국의 종교는 인도에서 전해진 힌두교였어.

크메르가 처음부터 거대한 제국으로 출발한 건 아니야. 크메르 왕국을 세운 자야바르만 2세는 인도네시아의 해상왕국인 사일렌드라에 볼모로 잡혀 있다가 겨우 돌아와 새로운 나라를 세웠지. 그 후로 부지런히 정복 전쟁을 벌

1135년 한반도
묘청이 서경에서 반란을 일으키다

윤관이 여진을 정벌한 후, 여진족은 점점 세력을 키웠어. 마침내 여진족은 하나로 뭉쳐 금나라를 세우고 거란의 요나라를 멸망시켰어. 또한 송나라를 남쪽으로 몰아내고 중국 북쪽을 차지했지. 그 기세에 눌린 고려는 신하 나라가 되어 금나라를 섬기게 되었어. 그러자 묘청 등이 도읍을 개경보다 북쪽인 서경(지금의 평양)으로 옮기고 금나라를 정벌하자고 주장했어. 그런데 왕이 이들의 뜻을 받아들이지 않자 반란을 일으켰지. 하지만 반란은 진압되었고, 고려는 계속 금나라를 섬기게 되었단다.

였고, 자야바르만 2세의 뒤를 이은 왕들도 조금씩 영토를 확장해 나갔어.

크메르 제국의 전성기를 연 인물은 1113년에 왕이 된 수리야바르만 2세야. 그는 권력 싸움으로 혼란스럽던 나라를 안정시키고 활발하게 정복 전쟁을 벌였어. 덕분에 크메르 제국은 주변 국가들 중에서 가장 강력해질 수 있었단다. 당시 크메르 제국의 힘은 지금도 웅장한 모습으로 서 있는 앙코르 와트를 보면 알 수 있지.

이후 자야바르만 7세에 이르러 크메르 제국은 최전성기를 맞이했어. 그는 수리야바르만 2세가 죽은 후 다시 혼란에 빠진 나라를 안정시키고 베트남과 태국, 라오스까지 영토를 넓혔단다. 크메르 제국 역사상 가장 넓은 영토를 차지한 거야.

그는 또한 앙코르 와트 못지않게 크고 아름다운 불교 사원들을 건설했어. 수리야바르만 2세와 달리 자야바르만 7세는 독실한 불교 신자였거든. 그가 만든 바이욘 사원과 따 프롬, 앙코르 톰 등은 앙코르 와트와 함께 유네스코 세계유산에 이름을 올렸단다.

026
1185년
일본 최초의 무사 정권, '가마쿠라 막부'가 세워지다

십자군 전쟁이 한창 유럽과 중동을 뒤흔들 무렵, 일본에서도 큰 변화가 일어나고 있었어. 일본의 무사(사무라이)들이 천황을 허수아비로 만들고 자신들의 정권(막부)를 세운 거야. 지금으로 치면 군대가 쿠데타(군사 반란)를 일으켜서 군사 독재 정권을 세운 셈이지. 이들은 도쿄 남쪽의 가마쿠라에 막부를 세우고 나라를 다스렸기 때문에 '가마쿠라 막부'라고 불러. 가마쿠라 막부를 세운 미나모토 가문은 약 150년 동안 대를 이어가며 일본을 다스렸단다.

이렇게 무사들이 정권을 잡은 건 천황과 귀족 간의 권력 다툼 덕분이었어. 앞서 천황이 아스카에서 나라로, 다시 헤이안(교토)으로 도읍을 옮긴 건 귀족 세력을 견제하기 위해서였다고 이야기했지? 왕에서 천황으로 이름을 바꾼 것도, 〈일본서기〉나 〈고사기〉 같은 역사책을 만든 일도 모두 천황의 힘을 키우기 위해서였고 말이야.

> **지금으로 치면 군대가 쿠데타(군사 반란)를 일으켜서 군사 독재 정권을 세운 셈이지. 이들은 도쿄 남쪽의 가마쿠라에 막부를 세우고 나라를 다스렸기 때문에 '가마쿠라 막부'라고 불러.**

이러면서 한동안 천황의 힘이 귀족을 압도했지만, 얼마 지나지 않아 다시 귀족들이 권력을 잡게 되었어. 그 중심에는 후지와라 가문이 있었지. 이들은 대

대로 딸을 황후로 세우면서 세력을 키웠어. 그리고 그 딸인 황후가 낳은 아들이 어린 나이에 천황이 되면, 자신들이 천황 대신 나라를 다스렸지. 이러면 천황이 성인이 되더라도 후지와라 가문의 꼭두각시가 되기 십상이었단다. 이런 방식으로 오랫동안 권력을 유지하던 후지와라 가문에 위기가 찾아왔

1170년 한반도

고려의 무신들이 권력을 잡다

가마쿠라 막부가 세워지기 10여 년 전, 고려에서도 무신 세력이 권력을 잡았어. 이들은 반란을 일으켜서 평소에 자신들을 무시하던 문신들을 죽여버리고 꼭두각시 왕을 세웠지. 가마쿠라 막부가 천황을 허수아비로 만들어버린 것처럼 말이야. 무신들이 반란을 일으킨 건 고려 왕들이 문신만 우대하고 무신은 차별했기 때문이었어. 그런 탓에 불만이 차곡차곡 쌓이다가, 새파랗게 젊은 문신이 대장군의 뺨을 때리는 사건을 계기로 대규모 반란이 일어난 거야. 정권을 잡은 무신들은 자기들끼리 권력 싸움을 벌였는데, 최후의 승자였던 최충헌이 자식에게 권력을 물려주면서 최씨 가문 정권이 60년 동안 이어졌단다.

어. 후지와라 가문 출신의 황후가 아들을 낳지 못한 거야. 결국 후지와라 가문의 피가 섞이지 않은 천황이 등장해서 후지와라 가문으로부터 권력을 되찾아왔지. 물론 귀족들도 가만있지 않았어. 천황과 귀족, 둘 사이에 권력 싸움이 벌어지게 된 거야.

이 과정에서 전투를 직업으로 삼은 무사 집단이 성장하게 되었어. 이들은 천황이나 귀족을 위해 전쟁을 벌이다가 결국 자신들이 권력을 잡게 되었지(서로마 제국을 위해 싸우던 게르만 용병들이 자신들의 왕국을 세운 것과 비슷하군). 가마쿠라 막부를 시작으로 1868년 메이지 유신을 통해 천황이 다시 권력을 잡을 때까지 약 700년 동안 일본에선 무사 정권이 이어졌단다.

1206년
칭기즈 칸, 몽골을 통일하다

'칭기즈 칸'이란 이름을 들어봤지? 아시아에서 유럽에 이르는 대제국을 건설한 몽골의 영웅 말이야. 칭기즈 칸의 본명은 테무친이야. 그가 태어날 무렵 몽골은 여러 부족으로 나뉘어 있었지. 그런 탓에 거란이나 여진 같은 다른 민족의 지배를 받아야 했어.

테무친은 부족장의 아들로 태어났지만, 어려서 아버지를 잃고 노예 생활까지 했어. 하지만 점차 세력을 키워서 나중에는 몽골을 통일하고 마침내 '칭기즈 칸'에 오르게 되었단다. 칭기즈 칸은 '위대한 왕'이란 뜻이야.

> 칭기즈 칸은 '위대한 왕'이란 뜻이야. 몽골을 통일한 칭기즈 칸은 엄격한 법을 만들고 제도를 갖추는 등 나라의 기초를 튼튼하게 다졌어. 덕분에 나라 힘이 세지고 군대 또한 강해졌지.

몽골을 통일한 칭기즈 칸은 엄격한 법을 만들고 제도를 갖추는 등 나라의 기초를 튼튼하게 다졌어. 덕분에 나라 힘이 세지고 군대 또한 강해졌지. 어려서부터 말을 타는 데 익숙했던 몽골인들은 세계 최강의 병사였어. 칭기즈 칸은 몽골 군대를 이끌고 이웃 나라를 차례로 정복했어. 서하를 멸망시키고 금나라 땅을 빼앗고 호라즘 왕국을 비롯한 중앙아시아 일대를 차지했지.

칭기즈 칸의 후계자들도 정복 사업을 이어갔어. 수십 년간 저항하던 고려를 무

1219년 한반도

고려와 몽골이 형제 나라가 되다

칭기즈 칸이 다스리던 몽골이 늘 고려와 싸웠던 건 아냐. 처음에는 힘을 합해 고려 땅으로 침입한 거란군을 물리치기도 했어. 그러면서 몽골과 고려는 형제의 나라가 되었지. 물론 힘이 센 몽골이 형님 나라, 고려가 동생 나라가 되었고 말이야. 하지만 몽골은 고려에 점점 이런저런 많은 것을 요구했고, 나중에는 몽골 사신이 귀국 길에 살해당한 것을 빌미삼아 고려로 쳐들어왔어. 고려는 수도를 강화도로 옮기고 30년 가까이 몽골에 맞서 싸웠지만, 결국 항복하고 원나라의 간섭을 받게 되었단다.

륭 꿇리고, 남송마저 정복해 중국 대륙을 통일했지. 그러고는 서쪽으로 중앙아시아를 넘어 러시아를 점령하고 유럽까지 공격했단다. 덕분에 몽골 제국은 아시아와 유럽을 아우르는 대제국을 건설하게 되었지. 하지만 이렇게 되기까지 수많은 사람들이 목숨을 잃어야 했어. 몽골군은 항복하지 않으면 군인뿐 아니라 아이와 노인들까지 무자비하게 죽였거든.

일단 대제국이 건설된 후에는 평화가 찾아오면서 경제와 문화가 발전하게 됐어. 또한 아시아와 유럽을 아우르는 몽골 제국 덕분에 동서 교류가 활발해졌지. 덕분에 다양한 종교와 문화가 뒤섞이면서 발전하게 되었단다. 원래 문화란 섞일수록 풍성해지는 법이거든. 여기에는 몽골이 다른 종교에 관대한 것도 한몫을 했어.

하지만 너무 넓은 제국은 얼마 지나지 않아 여러 개의 나라로 분열됐어. 알렉산드로스 대왕이 죽은 후 그랬던 것처럼 말이야. 그중 원나라는 100년 가까이 중국 대륙을 다스리며 번영을 이어갔단다.

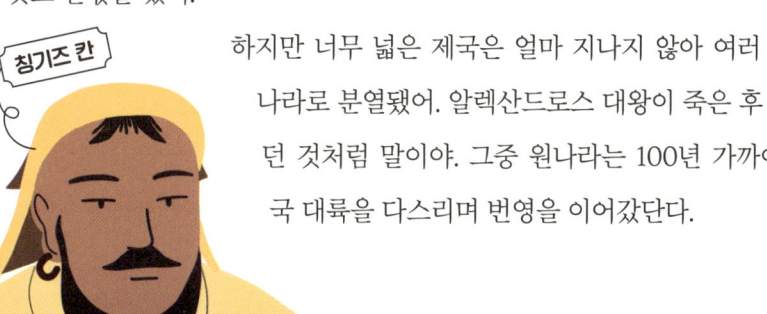

칭기즈 칸

1215년
영국의 존 왕이 〈대헌장〉에 서명하다

칭기즈 칸이 몽골을 통일하고 9년쯤 뒤, 영국의 존 왕은 런던 템스 강변에서 귀족들과 마주 앉아어. 귀족들은 존 왕에게 문서를 하나 내밀었지. 훗날 〈대헌장(마그나카르타)〉이라고 불리게 된 이 문서에는 국왕이 지켜야 하는 여러 가지 조항이 적혀 있었어.

이건 대부분 국왕의 권리를 제한하고, 교회와 귀족, 시민의 권리를 보장하는 내용이었어. 그중에는 "교회는 국왕의 간섭을 받지 않는다", "평상시보다 세금을 더 많이 걷으려면 귀족들의 동의를 받아야 한다", "자유인은 재판이나 법에 따르지 않고는 감옥에 갇히거나 재산을 빼앗기지 않는다" 같은 조항들도 있었지. 존 왕은 내키지 않았지만, 귀족들이 눈을 부릅뜨고 지켜보고 있는 가운데 문서에 서명을 했단다.

 **〈대헌장〉은 역사상 처음으로 왕의 권한을 제한한 문서야. 이건 훗날 민주주의가 발전하는데 큰 영향을 주었지.**

존 왕이 〈대헌장〉에 서명을 한 것은 귀족들이 강요했기 때문이었어. 프랑스와 전쟁을 치르느라 돈이 부족해진 존 왕이 마음대로 세금을 올리자 귀족들이 반발했거든. 귀족들은 세금 내는 걸 거부했을 뿐 아니라 군대를 이끌고 런던으로 가서 왕을 위협했지. 그러면서 앞으로 왕이 세금을 마음대로 올리

1270년 한반도

삼별초가 몽골군과 최후까지 싸우다

몽골에 항복한 고려는 수도를 다시 개경으로 옮기기로 했어. 여기에 반대하던 무신 정권은 무너지고 말았지. 그러자 고려의 특수부대인 삼별초가 몽골과 끝까지 싸울 것을 주장하며 반란을 일으켰어. 삼별초 가운데는 몽골의 포로가 되었다가 탈출한 사람들도 많아서 몽골에 대한 적대감이 컸거든. 게다가 무신 정권이 이들을 특별하게 대우해서 고려 국왕과는 사이가 안 좋기도 했어. 삼별초는 강화도를 떠나 진도와 제주도로 옮겨다니면서 3년 동안이나 싸웠지만 결국 패배하고 말았단다.

지 못하도록 〈대헌장〉을 작성하고 서명을 받은 거야. 프랑스에 패배하면서 힘이 약해진 존 왕은 울며 겨자 먹기로 귀족들의 요구를 따를 수밖에 없었고 말이야.

〈대헌장〉은 역사상 처음으로 왕의 권한을 제한한 문서야. 이건 훗날 민주주의가 발전하는데 큰 영향을 주었지. 원래 〈대헌장〉은 교회와 귀족, 그리고 일부 자유인의 권리만을 보장했지만, 시간이 지나면서 점차 더 많은 시민들의 권리를 지키는데 이용되었거든.

〈대헌장〉이 만들어지고 수십 년 뒤, 영국에는 귀족과 교회 성직자, 시민들이 참여하는 의회가 만들어졌어. 왕이 세금을 더 걷기 위해서는 의회의 동의를 받아야 했지. 영국뿐 아니라, 프랑스와 다른 유럽 나라에서도 이런 의회가 생겼어. 왕의 힘을 점점 제한하면서, 귀족과 성직자, 시민들의 권리를 키워간 거야. 이런 과정을 통해 민주주의도 조금씩 발전하게 되었단다.

029
1324년
말리 왕국의 만사 무사, 메카 순례 길에 황금을 뿌리다

영국의 존 왕이 〈대헌장〉에 서명할 무렵, 서아프리카에는 말리 왕국이 세워졌어. 이슬람을 믿었던 말리 왕국은 '황금의 나라'로도 유명해. 실제로 이곳의 광산에선 엄청난 양의 황금이 쏟아져 나왔단다. 거기다 당시 비싼 상품이었던 소금도 풍부했고, 다른 나라와의 무역도 발달해서 말리 왕국은 부자 나라가 되었지. 이런 말리의 전성기를 이끈 사람이 바로 만사 무사 왕이야(그는 '인류 역사상 가장 큰 부자'라고 알려져 있어).

말리의 부유함을 전 세계에 알리겠다는 만사 무사 왕의 작전은 성공했어. '황금의 나라' 말리에 대한 소문은 아프리카와 중동을 넘어 유럽까지 퍼져나갔으니까.

독실한 이슬람 신자였던 만사 무사는 1324년에 이슬람의 성지인 메카로 순례 여행을 떠났어. 이슬람교를 창시한 무함마드의 고향인 메카로 순례를 떠나는 건 모든 무슬림들이 지켜야 할 의무거든. 서아프리카에서 아라비아반도의 메카로 먼 길을 떠나면서 만사 무사 왕은 말리가 얼마나 부유한 나라인지 전 세계에 알리기로 마음먹었어. 그래서 수만 명의 수행원을 거느리고 가는 길마다 어마어마한 황금을 뿌렸단다.

1274년 한반도

고려와 몽골 연합군이 일본을 공격하다

고려의 항복을 받은 몽골은 바다 건너 일본까지 차지하고 싶어 했어. 이를 위해 고려에서는 싸움배도 만들고 일본으로 군대도 보냈지(사실 억지로 한 거야). 고려와 몽골 연합군의 일본 공격은 삼별초의 반란이 진압된 이후인 1274년에 이루어졌어. 약 4만여 명의 군대가 일본에 상륙했는데, 갑자기 태풍이 몰아친 탓에 제대로 싸움도 못해보고 돌아와야 했어. 7년 뒤인 1281년 다시 한번 훨씬 더 많은 여몽 연합군이 일본을 공격했지만, 이번에도 태풍 때문에 수많은 병사를 잃고 별 소득 없이 돌아왔지. 이렇게 두 번에 걸친 일본 원정을 준비하느라 고려는 큰 손해를 보고 백성들도 어려움을 겪었단다.

만사 무사 일행은 황금으로 물건을 샀을 뿐 아니라 메카로 가는 도중에 만난 가난한 이들에게도 황금을 나눠줬어. 가난한 사람을 돕는 것은 무슬림의 또 다른 의무였기 때문이야. 당시 이슬람 세계에서 가장 큰 도시였던 이집트 카이로에 머물면서 얼마나 많은 황금을 뿌려댔던지, 카이로의 물가가 다락같이 올라서 10년 동안이나 떨어지지 않았다고 해. 이건 메카나 다른 도시에서도 마찬가지였지.

말리의 부유함을 전 세계에 알리겠다는 만사 무사 왕의 작전은 성공했어. '황금의 나라' 말리에 대한 소문은 아프리카와 중동을 넘어 유럽까지 퍼져나갔으니까. 메카에서 돌아온 만사 무사는 이슬람의 예배당인 모스크와 대학, 도서관 등을 지으면서 말리의 전성기를 이어갔어. 하지만 너무 많은 황금을 쓴 나머지 말리는 한동안 경제적 어려움을 겪어야 했지. 만사 무사가 죽은 뒤에는 말리 왕국도 서서히 내리막길을 걷기 시작했어. 그래도 300년 남짓 역사를 이어가면서 서아프리카를 대표하는 나라로 이름을 남겼단다.

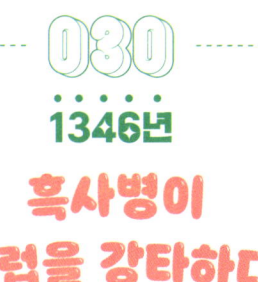

030
1346년
흑사병이 유럽을 강타하다

흑사병이란 쥐벼룩이 병균을 옮겨서 생기는 전염병이야. 병에 걸리면 며칠 만에 온몸이 검은색으로 변하면서 죽음에 이르기 때문에 이런 이름이 붙었지. 흑사병은 아주 오랜 옛날부터 인류를 괴롭혔는데, 특히 14세기에는 유럽에 막대한 피해를 입혔어. 1346년 동유럽에서 시작된 흑사병이 유럽 전체에 급속히 퍼지면서 불과 몇 해 만에 유럽 인구의 ⅓가량이 목숨을 잃은 거야 (코로나19와는 비교할 수 없이 많은 사람들이 죽었군!).

**흑사병이 퍼지면서 유럽은 큰 위기에 휩싸였어.
거기다 흑사병이 퍼지기 직전에는
여러 해 동안 흉작이 이어지면서 기근에 시달렸거든.**

그만큼 흑사병이 무서운 병이기도 했지만, 당시에는 의학이 발달하지 않아 병의 원인이나 치료법을 몰랐던 탓이 컸어. 흑사병을 신의 징벌이라고 여겨서 죄를 뉘우친다며 자기 몸에 채찍질을 하며 돌아다닌 사람들도 많았다니 말 다 했지. 이렇게 돌아다니면 병이 더 빨리 퍼질 텐데 말이야.

흑사병이 퍼지면서 유럽은 큰 위기에 휩싸였어. 거기다 흑사병이 퍼지기 직전에는 여러 해 동안 흉작이 이어지면서 기근에 시달렸거든. 그런 탓에 사람들의 건강이 나빠져서 흑사병이 빨리 퍼지고 더 많은 사람들이 죽게 된 거였

단다. 대기근과 흑사병으로 인구가 급격히 줄자 유럽 사회는 크게 변하기 시작했어.

우선 많은 땅을 소유한 영주들이 일할 농민을 구하지 못해 쩔쩔매는 일이 벌어졌어. 이 기회를 이용해서 농민들은 유리한 조건으로 땅을 빌리게 되었지. 그전까지 유럽의 농민들은 마치 노예처럼 땅에 묶여서 농사만 지어야 했는데, 이제는 더 좋은 조건을 찾아 자유롭게 이동할 수 있게 되었어.

1356년 한반도

공민왕이 친원파 기철의 목을 치다

중국 땅을 차지한 몽골은 원나라를 세웠어. 고려는 원나라의 간섭을 받아야 했고, 원나라 세력을 등에 업은 '친원파'들이 권력을 잡았지. 그중 대표적인 인물이 기철이었어. 원나라로 끌려갔던 여동생이 황제의 아내가 된 덕분이야. 졸지에 황후의 오빠가 된 기철은 고려 왕도 우습게 볼 만큼 힘이 셌단다. 이런 상황에서 즉위한 공민왕은 원나라의 간섭에서 벗어나려고 했어. 그는 고려 조정에 퍼져 있던 몽골식 풍습을 금지하고 기철 등 친원파도 제거해버렸지. 원래 고려 땅이었지만 원나라가 차지하고 있던 지역도 공격했고 말이야. 거기다 권력자들에게 빼앗긴 백성들의 땅을 찾아주는 등 여러 가지 개혁 정책을 펼쳤단다.

곤란을 겪던 영주들은 새로운 해결책을 찾아냈어. 자기 땅에 농사를 짓는 대신 풀을 심어서 양을 키우기 시작한 거야. 마침 그 무렵 양털로 천을 짜는 기술이 발달해서, 양털만 깎아 팔아도 농사짓는 것보다 더 많은 돈을 벌 수 있었거든. 나중에는 영주들이 자기 땅에서 농사짓던 농민들을 쫓아내고 그 자리에 양을 키웠어. 화가 난 농민들이 반란을 일으켰지만 별 소용이 없었지. 이렇게 쫓겨난 농민들은 도시로 가서 노동자가 되었단다.

031
1368년
농민 출신 주원장, 명나라를 세우다

유럽이 흑사병으로 곤욕을 치를 무렵, 몽골이 세운 원나라도 위기에 빠져들었어. 홍수와 가뭄, 전염병이 이어지는 가운데 황제의 자리를 놓고 권력싸움까지 벌어졌거든. 그런 탓에 전국 곳곳에서 농민들의 반란이 일어났지. 여기에는 몽골이 중국 한족을 차별한 것도 한몫을 했어(언제 어디서나 차별은 불만을 키우기 마련이란다!).

가난한 농민 출신으로 홍건적에 가담했던 주원장은 뛰어난 지도력으로 반란군을 이끌면서 세력을 키워갔어. 그러다 마침내 중국 남쪽 대도시인 난징에 도읍을 정하고 명나라를 건국했지.

반란군 중에서 가장 큰 세력은 홍건적이었어. 붉은 수건(홍건)을 두르고 다녀서 이런 이름이 붙었지. 한족으로 이루어진 홍건적은 몽골이 세운 원나라를 무너뜨리고 한족의 나라를 세우는 것이 목표였어. 가난한 농민 출신으로 홍건적에 가담했던 주원장은 뛰어난 지도력으로 반란군을 이끌면서 세력을 키워갔어. 그러다 마침내 중국 남쪽 대도시인 난징에 도읍을 정하고 명나라를 건국했지. 중국 역사상 두 번째로 가난한 농민 출신 황제가 천하를 통일하는 순간이야. 처음은 한나라 유방이었지. 주원장은 한동안 이곳저곳을 떠돌며 빌어

> ### 1361년 한반도
>
> ### 홍건적이 개경을 점령하다
>
> 원나라 정부군과 싸우던 홍건적은 여러 차례 고려 땅을 침략했어. 1359년 원나라 군대에 쫓기던 홍건적 3천여 명이 압록강을 건너와서 고려 백성들을 약탈한 것이 시작이었지. 다음 달에는 무려 4만여 명의 홍건적이 쳐들어와서는 의주와 정주, 서경(지금의 평양)까지 점령했단다. 다행히 고려군이 홍건적을 몰아내는데 성공했지만, 2년 뒤에는 홍건적 10만 대군이 고려를 침략했어. 공민왕은 부랴부랴 피난길에 올랐고, 개경을 차지한 홍건적은 백성들을 함부로 죽이고 재산을 빼앗아갔지. 결국 고려군이 홍건적을 몰아내긴 했지만, 고려에는 반란이 꼬리는 무는 등 위기가 계속되었단다.

먹은 적도 있었다니, '최초의 거지 출신 황제'라고 할 수도 있겠군.

명나라를 세운 주원장은 같은 해에 원나라의 수도인 대도(지금의 베이징)를 점령했어. 원나라를 세웠던 몽골인들은 원래 자신들이 살던 몽골 땅으로 쫓겨났단다. 중국을 통일한 주원장은 새로운 나라를 안정시키기 위해서 황제의 힘을 키웠어. 그는 황제를 대신해 나랏일을 처리하던 승상 자리를 없애고, 자신이 직접 중요한 일들을 챙겼어. 또한 반란의 싹을 자른다며 건국에 공을 세운 신하를 무려 10만여 명이나 죽여버렸지.

지방에서는 농민들이 스스로 세금을 걷는데 참여하도록 해서 백성의 지지를 받았어. 이러면 관리가 부당하게 세금을 걷는 일이 줄어들거든. 이러한 제도 덕분에 명나라는 안정을 이루고 발전할 수 있었어. 감자나 옥수수 같은 새로운 작물이 들어오고 농사 기술도 발전하면서 먹을 것도 많아졌지. 그러자 인구도 크게 늘어나게 되었어. 원나라 말의 혼란을 넘어서 새로운 안정기로 접어든 거야.

032
1370년
칭기즈 칸의 후예 티무르, 몽골 제국을 잇는 왕조를 열다

주원장이 원나라를 북쪽으로 쫓아내고 2년 뒤, 칭기즈 칸의 후예를 자처한 티무르가 몽골 제국의 뒤를 잇는 나라를 세웠어. 정식 이름은 '구르칸 왕조'지만 보통 '티무르 왕조' 혹은 '티무르 제국'이라고 불러. 사마르칸트(현재 우즈베키스탄의 수도)에 도읍을 정한 티무르는 죽을 때까지 정복 사업에 몰두하면서 중앙아시아 전역과 중동, 북인도 일부까지 아우르는 대제국을 건설했어. 칭기즈 칸이 그랬던 것처럼 말이야.

어떤 식으로든 칭기즈 칸과 연결되기를 바랐던 티무르는 실제로도 칭기즈 칸과 비슷한 삶을 살았어. 일찍부터 군사적 재능을 보이고, 나라를 세우고, 쉴 새 없이 이웃 나라들을 정복하는 삶이었지.

티무르

사실 티무르는 칭기즈 칸의 진짜 후예가 아니었어. 다만 어머니 쪽 가문이 칭기즈 칸과 연결되고, 아내 또한 칭기즈 칸의 후손이라고 알려져 있어. 티무르는 자신의 아내가 칭기즈 칸의 후손이라고 주장하면서 스스로를 '칭기즈 칸의 사위'라고 불렀단다(나라 이름으로 정한 '구르칸'이 바로 '사위'란 뜻이야)

어떤 식으로든 칭기즈 칸과 연결되기를 바랐던 티무르는

> ### 1388년 한반도
>
> **이성계가 위화도 회군으로 권력을 잡다**
>
> 고려는 새로 등장한 명나라와 사이가 안 좋았어. 명나라가 고려 북쪽 땅을 바치라고 요구했기 때문이야. 공민왕의 뒤를 이은 우왕과 최영 장군은 명나라 땅인 요동 지방을 공격하기로 했어. 이성계는 여러 가지 이유를 들면서 반대했지. 하지만 왕의 명령을 어길 수 없어 결국 군대를 이끌고 요동 지방으로 떠났어. 그러다 압록강에 있는 작은 섬인 위화도에 이르렀을 때, 군대를 돌려서 개경으로 향했어. 이성계가 군사 반란을 일으킨 거야. 개경으로 온 이성계는 최영을 죽이고 권력을 잡았어. 그리고 4년 뒤에는 새 나라 조선을 세우게 되었단다.

실제로도 칭기즈 칸과 비슷한 삶을 살았어. 일찍부터 군사적 재능을 보이고, 나라를 세우고, 쉴 새 없이 이웃 나라들을 정복하는 삶이었지. 말을 타는 기병을 중심으로 빠르게 적을 공격하고, 적들을 잔인하게 죽여서 공포를 심어주고, 약탈한 물건들은 공정하게 나누어 부하들의 신뢰를 얻은 것도 칭기즈 칸과 닮았어.

티무르는 전쟁을 벌일 때마다 승리를 거뒀어. 동쪽으로는 북인도를 무릎 꿇리고, 서쪽으로는 이슬람 세계의 절대강자였던 오스만 제국을 무찌르고 술탄(이슬람 국가의 왕)을 처형하기도 했단다. 티무르의 마지막 목표는 몽골의 원나라를 무너뜨린 명나라였어. 그는 대군을 거느리고 명나라 원정길에 나섰지만, 도중에 병에 걸려 죽고 말았지. 만약 티무르가 명나라를 공격했다면 역사는 크게 달라졌을 지도 몰라. 당시 티무르의 군대는 천하무적이었으니까 말이야.

티무르가 갑작스럽게 죽은 뒤, 티무르 제국은 힘을 잃었어. 그래도 아시아와 유럽을 잇는 무역을 통해 티무르 제국은 부자 나라가 될 수 있었어. 그리고 동양과 서양을 아우르는 예술과 학문을 발달시켰단다.

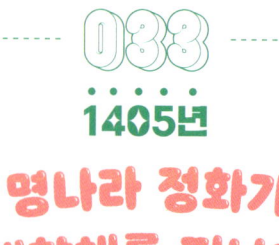

1405년
명나라 정화가 대항해를 떠나다

명나라 공격에 나선 티무르가 병으로 세상을 뜨던 해, 명나라에서는 어마어마한 규모의 선단(배의 무리)이 대항해를 떠났어(만약 티무르의 원정이 계획대로 이루어졌다면 대항해는 취소되었을 지도 몰라). 환관(내시)의 우두머리였던 정화가 이끄는 선단은 60여 척의 큰 배와 200여 척의 작은 배로 이루어졌고, 무려 2만 7천여 명의 사람들이 타고 있었어.

정화의 대항해는 1405년부터 1433년까지 모두 7차례 이루어졌어. 명나라에서 출발해서 지금의 베트남과 태국을 거쳐 인도, 아라비아, 아프리카까지 이르렀지.

이 중 큰 배는 길이 138m에 너비가 56m로 거의 축구장 만한 크기였다고 해. 이 정도면 훗날 아메리카를 발견한 콜럼버스의 배보다 수십 배는 더 큰 거야. 더욱이 콜럼버스는 겨우 3척의 배로 움직였는데, 정화는 큰 배만 60여 척이었으니 비교조차 할 수 없지.

정화와 콜럼버스의 항해가 달랐던 점은 배의 크기만이 아니었어. 콜럼버스의 항해가 인도로 가는 새로운 바닷길을 찾는 모험이었다면, 정화의 항해는 이미 알려진 바닷길을 따라 먼 나라를 방문하는 것이었거든. 정화의 목적은 방문하는 나라들을 모두 명나라 황제를 모시는 신하의 나라로 만드는 거였

어. 그래야 명나라가 천하의 중심으로 우뚝 설 수 있을 테니까. 정화의 배에는 황제가 보내는 선물이 가득 실려 있었어. 방문하는 나라의 왕이 명나라에 충성을 맹세하고 선물을 먼저 바치면 보답으로 주려는 거였지.

정화의 대항해는 1405년부터 1433년까지 모두 7차례 이루어졌어. 명나라에서 출발해서 지금의 베트남과 태국을 거쳐 인도, 아라비아, 아프리카까지 이르렀지. 그 지역에 있던 나라들은 명나라 선단의 어마어마한 규모를 보고 신하의 나라가 되기로 했어. 물론 저항하는 나라도 있었지만, 그럴 때는 정화가 이끌고 간 명나라 군대가 전투를 벌여서 무릎을 꿇렸단다. 정화의 대항해를 통해 동남아시아부터 아프리카 일부까지 명나라 중심의 국제 질서가 만들어진 거야. 명나라가 마음만 먹었다면 유럽뿐 아니라 아메리카 대륙까지 갈 수도 있었을 거야. 하지만 7차 항해 도중 정화가 죽자, 명나라는 다시는 대항해를 시도하지 않았어. 오히려 배를 타고 바다로 나가는 것 자체를 금지해버렸지. 그러는 동안 유럽 사람들은 앞다투어 새로운 바닷길을 찾는 모험을 떠났고, 덕분에 다른 대륙들을 지배하게 되었단다.

1398년 한반도

'왕자의 난'이 일어나다

'왕자의 난'이란 태조 이성계의 아들들 사이에서 벌어진 권력 싸움을 말해. 태조가 막내아들인 방석을 후계자인 세자로 삼은 것이 원인이었지. 나이 많은 자신들을 제치고 막내가 세자가 되자 형들이 불만을 가졌거든. 마침내 태조가 아픈 때를 틈타 다섯째 아들 이방원이 방석을 죽이고 권력을 차지했단다. 그 과정에서 방석뿐 아니라 태조를 도와 조선을 세운 정도전, 남은 같은 신하들도 함께 죽었어. 이방원은 왕위를 둘째 형에게 잠시 맡겼다가(자기가 바로 왕이 되는 건 아무래도 눈치가 보였으니까), 그 뒤를 이어 조선의 제3대 왕이 되었단다.

1429년
17세 소녀 잔 다르크가 영국군을 격파하다

명나라 정화가 대항해를 떠날 무렵, 영국과 프랑스는 오랜 전쟁 중이었어. 1337년부터 시작된 전쟁이 무려 116년 동안이나 계속돼서 흔히 '백년 전쟁'이라고 불러(이 기간 내내 전쟁을 한 건 아니고, 중간에 휴전 기간도 꽤 있었어). 전쟁의 시작은 아들 없이 죽은 프랑스 왕의 뒤를 누가 잇느냐 하는 문제였지. 당시 영국 왕이었던 에드워드 3세는 자신이 프랑스의 왕이 되어야 한다고 주장했어. 아니, 아들이 없다면 친척 중 한 사람이 왕이 되면 되지, 왜 영국의 왕이 끼어드냐고? 에드워드 3세가 바로 프랑스 왕의 친척이었거든. 영국과 프랑스 왕실은 혼인으로 엮여 있었던 거야(당시 유럽의 다른 나라들도 그랬어).

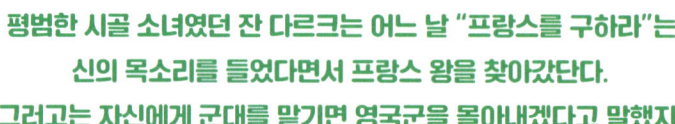

평범한 시골 소녀였던 잔 다르크는 어느 날 "프랑스를 구하라"는 신의 목소리를 들었다면서 프랑스 왕을 찾아갔단다. 그러고는 자신에게 군대를 맡기면 영국군을 몰아내겠다고 말했지.

왕위 계승 다툼은 결국 전쟁으로 이어졌어. 처음엔 영국의 압승이었지. 프랑스 왕이 영국군에 사로잡히고 말았거든. 프랑스 왕은 많은 땅을 영국에 떼어 주고 겨우 풀려날 수 있었어. 복수의 칼날을 갈던 프랑스는 다시 전쟁을 일으켰고, 오랜 시간 휴전과 전쟁이 반복되었지. 하지만 시간이 갈수록 전쟁은 프

잔 다르크

1441년 한반도

세계 최초로 측우기를 만들다

왕자의 난으로 권력을 잡은 태종 이방원의 셋째 아들이 바로 세종대왕이야. 비록 동생을 죽이고 왕이 되었지만, 태종은 여러 가지 훌륭한 일을 해서 세종대왕이 마음껏 능력을 펼칠 수 있는 바탕을 마련했지(능력이 뛰어난 셋째 아들에게 왕위를 물려준 것 또한 태종의 업적이라고 할 수 있어). 세종대왕의 수많은 업적 중 하나는 측우기를 만들어서 비의 양을 정확히 측정한 거야. 이건 농사짓는데 큰 도움을 주었지. 조선의 측우기는 유럽보다 200여 년이나 앞선 발명품이었어. 측우기를 만든 건 '발명왕' 장영실이 아니라 당시 세자였던 문종이었단다.

랑스에 불리해졌어. 영국이 차지한 프랑스 땅은 점차 늘어갔고, 오랜 전쟁에 지친 프랑스군의 사기는 바닥을 쳤어.

그때 17세 소녀 잔 다르크가 나타나서 프랑스군을 이끌고 영국군을 물리치기 시작했어. 평범한 시골 소녀였던 잔 다르크는 어느 날 "프랑스를 구하라"는 신의 목소리를 들었다면서 프랑스 왕을 찾아갔단다. 그러고는 자신에게 군대를 맡기면 영국군을 몰아내겠다고 말했지.

곤경에 처했던 프랑스 왕은 지푸라기라도 잡는 심정으로 군대를 맡겼어. 그런데 이게 웬걸, 잔 다르크가 이끄는 프랑스군이 기적처럼 승리를 이어간 거야. 덕분에 프랑스는 영국 세력을 몰아내고 백년 전쟁을 승리로 끝낼 수 있었어. 이후 프랑스는 왕을 중심으로 똘똘 뭉쳐 유럽의 강국으로 발전하게 되었단다. 하지만 전투 중에 사로잡힌 잔 다르크는 전쟁이 끝나기 전에 목숨을 잃고 말았어. 이렇게 어리고 평범한 시골 소녀가 어떻게 기적 같은 승리를 연이어 거둘 수 있었는지는 지금도 역사의 미스터리야.

1445년
구텐베르크가 금속활자 인쇄기를 발명하다

영국과 프랑스의 백년 전쟁이 막바지로 향할 무렵, 독일에서는 인류의 역사를 바꿀 만큼 중요한 발명이 이루어졌어. 구텐베르크가 금속활자 인쇄기를 만들어낸 거야. 이건 이름처럼 금속으로 활자(작은 네모기둥에 글자를 튀어나오게 새긴 것)를 만들고 그 위에 잉크를 바른 뒤에 종이로 찍어내는 기계였지.

**구텐베르크의 금속활자 인쇄기 덕분에 책값은 확 낮아졌어.
덕분에 더 많은 사람들이 책을 읽을 수 있게 되자
새로운 지식이 빠르게 퍼져 나가게 되었단다.**

이전까지 유럽에서는 나무판에 글자를 새기고 잉크를 바른 다음에 찍어내는 목판 인쇄가 이루어졌어. 하지만 목판 인쇄는 인쇄하려는 책 전체를 새겨야 해서 시간이 오래 걸렸을 뿐 아니라 잉크가 번지기 일쑤라 품질도 좋지 않았어. 그래서 목판 인쇄보다는 사람이 직접 손으로 책을 베껴 쓰는 일이 많았지. 필경사(책을 베껴 쓰는 전문가)가 쓴 책은 아름답고 고급스러웠거든. 하지만 이렇게 만든 책은 너무 비싸서 보통 사람들은 살 수 없었어. 당시 책 한

권 값이 농민의 집 한 채 값이었다니 말 다 했지. 구텐베르크의 금속활자 인쇄기 덕분에 책값은 확 낮아졌어. 이로써 더 많은 사람들이 책을 읽을 수 있게 되자 새로운 지식이 빠르게 퍼져 나가게 되었

1443년 한반도

세종대왕이 훈민정음을 만들다

세종대왕의 수많은 업적 중에서도 가장 위대한 일은 훈민정음(한글)을 만든 거야. 덕분에 어려운 한자를 모르는 많은 백성들도 자기 생각을 글로 표현할 수 있게 되었으니까. 세종대왕이 바란 것도 바로 이거였어. 훈민정음을 만든 목적을 "사람들이 쉽게 익혀 날마다 쓰는 데 편안하게 하기 위해서"라고 분명히 밝혀 놓았지. 그래서 글자 이름도 "백성을 가르치는 바른 소리"라는 뜻의 '훈민정음'으로 정한 거야. '한글'은 일제 강점기에 우리글을 지키고 가꾼 주시경 선생이 새로 지은 이름이란다.

단다. 구텐베르크가 인쇄기를 만든 뒤부터 약 50년 동안 찍어낸 책들이 그때까지 인류 역사를 통틀어 만들어진 모든 책보다 많았어. 다른 사람들도 앞다투어 인쇄기를 만들어서 책을 찍어냈거든. 이렇게 되자 학문이 급속도로 발전하고 사회도 크게 바뀌었어. 특히 옛날 그리스나 로마 시대의 책들이 퍼지면서 예술과 문화뿐 아니라 사람들의 생각에도 새로운 변화가 일어났는데, 이걸 '르네상스'라고 불러.

그런데 사실 금속활자를 처음 만든 건 고려였어. 1377년 찍어낸 〈직지심체요절〉은 세계에서 가장 오래된 금속활자 책이야. 구텐베르크가 처음 찍은 〈성경〉보다 78년이나 앞섰지. 하지만 우리나라의 금속활자 인쇄술은 사회에 큰 변화를 일으키지 못했어. 금속활자를 주로 나라에서 만들고 관리했기 때문이야. 한자를 금속활자로 인쇄하기 위해서는 엄청나게 많은 글자를 만들어야 했기 때문에 보통 사람들은 엄두를 낼 수도 없었지. 이건 세계 최초로 인쇄술을 개발한 중국도 마찬가지였단다.

1453년
오스만 제국, 콘스탄티노플을 무너뜨리다

백년 전쟁이 끝난 해(1453년), 유럽의 동쪽에서는 비잔티움 제국과 오스만 제국이 일대 격전을 벌였어. 십자군 전쟁 이후 기독교와 이슬람 세력이 다시 한번 대결을 벌인 거야. 오스만 제국은 당시 이슬람권을 대표하는 강대국이었어. 1299년 지금의 튀르키예 서쪽 지방에서 작은 나라로 시작한 오스만 제국은 몽골의 침략으로 셀주크튀르크가 약해진 틈을 타서 점차 세력을 키워 갔지(오스만 제국도 튀르크 계통의 종족이 세운 국가야).

아시아의 서쪽 끝인 아나톨리아 지방 대부분을 차지한 오스만 제국은 호시탐탐 유럽 진출을 노렸어. 오랜 노력 끝에 비잔티움 제국과 이웃한 불가리아와 마케도니아, 세르비아 등을 차지하게 되었지(이들은 모두 동유럽 국가야). 그러자 비잔티움 제국은 오스만 제국에 포위된 꼴이 되었어.

 **콘스탄티노플은 세 겹의 성벽으로 둘러싸인 난공불락의 요새였어. 수백 년 동안 이슬람 군대가 여러 차례 공격했지만 단 한 번도 점령하지 못했단다.**

이 무렵 오스만 제국의 술탄(이슬람 국가의 왕)이 된 메흐메드 2세는 비잔티움 제국을 정복하는 것을 최우선 과제로 삼았어. 그러려면 비잔티움 제국의 수도인 콘스탄티노플을 무너뜨려야 했지. 하지만 콘스탄티노플은 세 겹의 성

> ### 1455년 한반도
>
> ### 수양대군이 단종을 쫓아내고 왕위에 오르다
>
> 세자 시절 측우기를 만들었던 문종은 준비된 임금이었어. 세종대왕의 건강이 나빠지면서 거의 십 년 동안 세자가 나라를 다스리다시피 했거든. 하지만 문종은 왕이 된 지 2년 만에 갑자기 병에 걸려 죽고 말았어. 어린 아들 단종이 뒤를 잇자, 야심가였던 세종대왕의 둘째 아들인 수양대군은 단종에게 충성하던 신하들을 죽이고 권력을 차지했지. 그리고 2년 뒤에는 조카를 쫓아내고 왕이 되었단다. 강원도 영월로 유배를 간 단종은 그곳에서 살해당하고 말았어. 왕자의 난 이후 조선 왕실에 또 하나의 비극이 벌어진 거야.

벽으로 둘러싸인 난공불락의 요새였어. 수백 년 동안 이슬람 군대가 여러 차례 공격했지만 단 한 번도 점령하지 못했단다. 메흐메드 2세는 콘스탄티노플의 삼중 성벽을 무너뜨리기 위해서 거대한 청동 대포를 만들었어. 거기다 기막힌 작전까지 생각해 냈지. 비잔티움 제국의 함대가 입구를 지키고 있는 좁은 해협 안쪽까지 육지로 배를 옮긴 거야. 비잔티움 군대 몰래 기름칠한 통나무를 깔고 그 위에서 배를 밀어 옮겼어. 전혀 예상치 못한 곳에서 오스만 제국의 배들이 나타나자 콘스탄티노플 군대는 당황했고, 결국 성벽은 뚫리고 말았지. 서로마 제국이 멸망한 뒤에도 천년 가까이 지속되던 동로마 제국이 마침내 수명을 다하는 순간이었어.

메흐메트 2세는 콘스탄티노플을 이스탄불이라고 바꾸고 오스만 제국의 새로운 수도로 삼았어. 이후 오스만 제국은 전성기를 맞이했고, 이스탄불 또한 세계적인 도시로 성장하게 되었단다.

037
1467년
'오닌의 난'이 일본의 '전국 시대'를 열다

오스만 제국이 콘스탄티노플을 점령할 무렵, 일본은 가마쿠라 막부의 뒤를 이은 두 번째 무사 정권인 무로마치 막부가 지배하고 있었어. 막부의 최고 권력자를 '쇼군(장군)'이라 불렀는데, 마치 왕처럼 대를 이어갔지.

그런데 제8대 쇼군인 요시마사 대에 이르러 문제가 생겼어. 아들이 없던 요시마사는 자기 동생을 후계자로 삼았는데, 뒤늦게 아들이 태어나자 후계자를 아들로 바꾼 거야. 그러자 전국의 다이묘(막부에 충성을 맹세한 지방 통치자)들이 아들 편과 동생 편으로 갈려 싸우기 시작했단다(역시 뭔가를 줬다 빼앗으면 문제가 생기기 마련이군!). 이걸 '오닌의 난'이라고 불러.

 **이때부터 일본에서는 다이묘들끼리 하루가 멀다 하고 전쟁을 벌이는 '전국 시대'가 시작되었단다. 무려 백여 년 동안이나 말이야.**

오닌의 난은 일본 전체를 혼란으로 몰아넣었어. 특히 수도였던 교토는 무사들이 전국에서 몰려들어 전투를 벌이는 통에 아주 쑥대밭이 되었지. 도시는 불바다가 되고 대부분의 문화유산이 불타버렸단다(그래서 지금도 교토에는 오닌의 난 이전의 문화유산들이 별로 남아있지 않아).

무려 10년 동안이나 싸운 끝에 마침내 아들 편이 이기긴 했지만 상처뿐인 승

1485년 한반도

조선의 기본 법전인 〈경국대전〉이 완성되다

일본이 혼란기로 빠져드는 동안 조선은 평화를 이어갔어. 덕분에 나라의 기초가 되는 제도를 하나씩 다져갈 수 있었지. 그중 가장 중요한 일은 조선 시대의 기본 법전인 〈경국대전〉을 만드는 것이었어. 이전에도 여러 법전이 있었지만 서로 내용이 다르거나 빠진 것들이 많아서 나라를 다스리는데 어려움이 컸거든. 세조 때 만들기 시작한 〈경국대전〉은 예종을 거쳐 성종이 왕이 되고도 16년이나 지나서야 완성할 수 있었단다. 시작부터 완성까지 30년 가까이 걸린 셈이야. 이렇게 만들어진 〈경국대전〉은 이후 수백 년 동안 나라를 다스리는 기본 법전이 되었어.

리였어. 오닌의 난 때문에 무로마치 막부의 권위는 땅에 떨어졌거든. 이전까지 막부에 충성하던 다이묘들은 이제 막부를 우습게 알고, 저마다 힘을 키워 새로운 막부를 세우고 싶어 했지. 이때부터 일본에서는 다이묘들끼리 하루가 멀다 하고 전쟁을 벌이는 '전국 시대'가 시작되었단다. 무려 백여 년 동안이나 말이야. 전국 시대의 특징을 한마디로 말하면 '하극상(아랫사람이 윗사람을 꺾고 오름)'이었어. 다이묘가 쇼군을, 하급 무사가 다이묘를 꺾으려고 덤볐지. 하지만 그 덕분에 신분이 낮은 사람도 실력만 있으면 출세할 수 있었단다. 대표적인 인물이 전국 시대를 끝내고 일본을 통일한 도요토미 히데요시야. 다이묘의 심부름꾼이었던 도요토미는 주인의 눈에 들어 출세를 거듭하다 마침내 일본 최고의 권력자가 되었지. 전국 시대는 혼란스러웠지만, 이렇게 실력을 중시하면서 사회도 발전할 수 있었어.

1492년
콜럼버스가 아메리카 대륙을 발견하다

일본에서 전국 시대가 한창일 때, 스페인에선 콜럼버스가 새로운 바닷길을 찾아 항해를 떠났어. 목표는 인도였지. 당시 유럽에서 인도에 가려면 아프리카 남쪽 끝을 빙 돌아서 인도양을 거쳐야 했는데, 콜럼버스는 그 대신 유럽의 서쪽 바다인 대서양을 통해 인도로 가려고 한 거야.

콜럼버스가 목숨을 건 항해 끝에 도착한 곳은 당시 유럽 사람들은 모르고 있던 새로운 대륙이었어. 콜럼버스 또한 유럽에서 대서양을 거쳐 아시아로 가는 길에 또 다른 대륙이 있다는 사실을 전혀 몰랐지.

콜럼버스

그가 인도로 가는 새로운 바닷길을 찾으려고 한 데는 이유가 있어. 아프리카를 돌아가는 바닷길은 멀기도 했지만, 그 길을 처음 개척한 포르투갈이 항로를 독차지하고 있어서 다른 나라들은 자유롭게 이용하기 어려웠거든. 포르투갈은 이 길을 독점해 인도를 오가면서 후추를 비롯한 향신료를 들여온 후 유럽 전역에 팔아 큰 이익을 보고 있었지. 콜럼버스는 포르투갈의 라이벌이었던 스페인 국왕에게 인도로 가는 새로운 바닷길을 개척하겠다면서 지원을 받아냈어. 만약 성공하면 콜럼버스 자신도 큰돈을 벌 수 있었단다.

하지만 콜럼버스가 목숨을 건 항해 끝에 도착한 곳은 당시 유럽 사람들은 모르고 있던 새로운 대륙이었어. 콜럼버스 또한 유럽에서 대서양을 거쳐 아시아로 가는 길에 또 다른 대륙이 있다는 사실을 전혀 몰랐지. 콜럼버스는 당연히 이곳이 아시아라고 생각했고, 스페인 국왕한테도 그렇게 보고했어.

1506년 한반도
연산군이 쫓겨나고 중종이 즉위하다

콜럼버스가 신대륙을 발견하고 14년 뒤, 조선에선 신하들이 힘을 합쳐 임금을 쫓아내는 사건이 벌어졌어. 백성들을 괴롭히던 연산군이 쫓겨나고 중종이 왕이 된 거야. 연산군이 저지른 나쁜 짓은 헤아릴 수 없을 정도로 많았어. 자기 친어머니가 억울하게 죽었다며 새어머니와 이복동생들을 죽이고, 마음에 들지 않는 신하들을 죽이고, 죄 없는 백성들까지 함부로 죽였지. 그런 탓에 국왕이 곧 나라의 주인이던 조선에서 처음으로 쫓겨나는 왕이 된 거야. 덕분에 이후의 조선 왕들은 잘못했다간 혹시라도 또 쫓겨날 수 있다는 생각에 행동을 조심하게 되었단다.

처음에는 대다수 유럽인들이 콜럼버스의 말을 믿었지만, 몇 차례 항해가 이어지면서 이곳이 아시아가 아니라고 생각하기 시작했어. 여기서는 중국의 비단이나 인도의 향신료를 발견할 수 없었으니까 말이야. 하지만 콜럼버스 자신은 여전히 이곳이 아시아라고 철석같이 믿었어. 심지어 함께 항해한 선원들에게 자신들이 도착한 곳은 아시아라고 선언하도록 강요할 정도였지.

콜럼버스가 개척한 항로를 따라 아메리카를 다녀온 유럽 사람들 중에서는 이곳이 지금까지 몰랐던 새로운 대륙이라고 주장하는 사람도 있었어. 이탈리아 출신 모험가인 아메리고 베스푸치도 그런 주장을 담은 여행기를 펴냈지. 그런 까닭에 콜럼버스가 처음 발견한 대륙의 이름은 아메리고 베스푸치의 이름을 따서 '아메리카 대륙'이 된 거란다(물론 옛날부터 그땅에 살고 있는 수많은 사람들의 의견 따위는 깡그리 무시하고 말이지).

039
1517년
루터가 종교 개혁을 시작하다

1517년 10월 31일. 독일 비텐베르크 대학의 교수였던 루터는 교회 문 앞에 자신이 쓴 문서를 하나 내걸었어. 여기에는 로마 가톨릭의 잘못을 지적하는 내용이 실려 있었지. 특히 당시 교회에서 팔고 있던 '면벌부'에 대해 날카롭게 비판했어.

루터

**루터는 교회의 면벌부 판매가 잘못이라고 지적했어.
그뿐 아니라 기독교인들은 교황이 아니라
성서의 말씀을 따라야 한다고 주장했지.**

면벌부란 죽은 뒤의 형벌을 면제해 준다는 증서야. 기독교에선 누구나 죽고 나면 살았을 때 저지른 죄에 따라 벌을 받을 거라고 믿었거든. 그런데 면벌부만 사면 죄를 지어도 벌을 받지 않는다는 거야. 그게 말이 되냐고? 글쎄…, 아무튼 로마 교황이 보증하고 교회가 파는 것이니 많은 사람들이 면벌부를 샀어. 교회는 그렇게 번 돈으로 거대한 성당을 지었고 말이야.

루터는 교회의 면벌부 판매가 잘못이라고 지적했어. 그뿐 아니라 기독교인들은 교황이 아니라 성서의 말씀을 따라야 한다고 주장했지. 이건 자칫 목숨을 잃을 수 있는 위험한 이야기였어. 교황의 권위를 부정하면 이단(기독교의 진리에 어긋나는 주장)으로 몰릴 수 있었거든. 종교재판소에서 이단 판정을

받으면 불에 타 죽는 화형을 당했단다.

루터의 주장을 들은 로마 교황은 그가 이단이라고 선언했어. 하지만 루터는 운이 좋았어. 그가 사는 곳을 다스리던 영주가 보호해 주었거든. 사실 이전부터 대다수 사람들은 면벌부 판매가 잘못이라고 생각했어. 이런 잘못을 저지르고 있는 로마 가톨릭을 바꿔야 한다는 주장도 많았지. 그리고 독일의 영주들은 로마 교황의 간섭에서 벗어나고 싶어 했어. 그래서 루터를 안전하게 보호해 주었던 거야.

영주들의 지원을 받은 루터는 로마 가톨릭과의 결별을 선언하고 교황 대신 신과 직접 소통하는 새로운 기독교를 만들었어. 독일 영주 상당수가 로마 가톨릭을 떠나 루터의 기독교를 받아들였지. 독일뿐 아니라 교황에게 불만이 있었던 많은 지역에서 종교 개혁이 일어났어. 스위스에서는 칼뱅이 종교 개혁을 이끌었고, 영국에선 국왕 헨리 8세가 직접 나서기도 했지. 여기에는 구텐베르크가 발명한 금속활자 인쇄기의 도움이 컸어. 루터의 주장을 담은 글들이 인쇄기 덕분에 유럽 전역으로 전달되었거든. 종교 개혁으로 인해 기독교는 구교(로마 가톨릭)와 신교(루터파, 칼뱅파 등)로 갈려서 대립하게 되었단다.

1510년 한반도

삼포왜란이 일어나다

임진왜란은 들어봤어도 삼포왜란은 처음이라고? 그럴 수도 있어. 임진왜란은 일본이 조선을 쳐들어와 7년 가까이 벌어진 전쟁이고, 삼포왜란은 조선에 살고 있던 일본인들이 난동을 부린 사건이야. 그때까지 조선은 부산포, 제포(지금의 창원시), 염포(지금의 울산광역시) 등 3곳의 항구(삼포)에 일본인들이 살면서 무역을 할 수 있도록 허락했거든. 하지만 이들은 주변 지역을 노략질하는 등 범죄를 저지르다가 마침내 수천 명의 군대로 난리를 일으킨 거야. 삼포왜란은 곧 진압되었지만, 조선과 일본 사이 교류는 크게 줄어들었어. 그런 탓에 조선은 일본 사정에 어둡게 되었고, 결국 임진왜란을 제대로 대비하지 못하게 됐지.

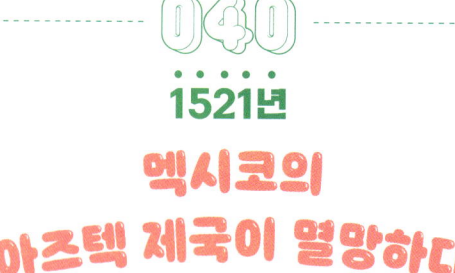

1521년
멕시코의 아즈텍 제국이 멸망하다

콜럼버스가 스페인 국왕의 지원을 받아 아메리카 대륙을 발견한 후, 수많은 스페인 사람들이 아메리카 대륙으로 모험을 떠났어. 아메리카에는 황금이 가득하다는 소문이 퍼졌거든. 황금이 아니더라도 땅을 차지하고 원주민들을 노예로 삼아서 부자가 될 수 있었지. 겉으로는 '기독교를 전파하기 위해서'라고 했지만, 실제로는 땅과 황금을 차지하기 위해 목숨을 걸었던 거야.

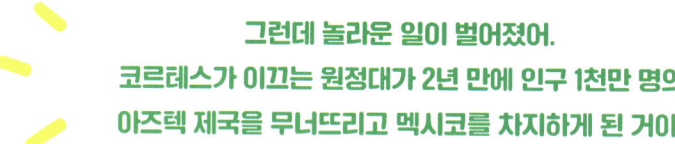

**그런데 놀라운 일이 벌어졌어.
코르테스가 이끄는 원정대가 2년 만에 인구 1천만 명의
아즈텍 제국을 무너뜨리고 멕시코를 차지하게 된 거야.**

이렇게 아메리카로 향한 사람 중에는 에르난 코르테스도 있었어. 그는 스페인이 이미 차지한 쿠바에서 멕시코 지역으로 떠나는 원정대를 이끌었지. 당시 멕시코는 아즈텍 제국이 지배하고 있었어. 이들은 옛날 테오티우아칸을 건설했던 사람들처럼 피라미드 신전을 세우고 거대한 나라를 이루었단다. 그런데 놀라운 일이 벌어졌어. 코르테스가 이끄는 원정대가 2년 만에 인구 1천만 명의 아즈텍 제국을 무너뜨리고 멕시코를 차지하게 된 거야. 원정대는 전부

1519년 한반도

정치를 개혁하던 조광조가 목숨을 잃다

코르테스가 멕시코에 도착할 무렵, 조선에선 조광조가 정치를 개혁하고 있었어. 세조와 중종이 왕이 되는 과정에서 공을 세운 신하들이 개혁 대상이었지. '훈구'라고 불린 이들은 권력을 휘두르며 재산까지 불려 나갔거든. 중종은 훈구 세력을 견제하기 위해 지방에 있던 선비인 사림 세력을 불러들여서 개혁에 힘을 실어주었어. 사림의 선두였던 조광조는 정치를 개혁해서 훈구의 힘을 빼려고 했어. 하지만 훈구 세력이 격하게 반발하고, 중종마저 제멋대로 움직이는 조광조에게서 마음을 거두자, 조광조는 결국 억울한 누명을 쓰고 목숨을 잃었단다.

합해봐야 600명이 조금 넘었는데, 어떻게 이런 일이 벌어진 걸까? 여기에는 몇 가지 이유가 있어.

우선 코르테스의 원정대는 아즈텍 제국의 지배를 받던 여러 부족들과 동맹을 맺었어. 아즈텍 제국은 주변 부족을 힘으로 찍어 눌렀기 때문에 원망을 사고 있었거든. 특히 아즈텍의 피라미드 신전에서는 살아있는 사람들을 제물로 바쳤는데, 여기에 주변 부족들이 많이 희생됐어. 그래서 이들은 목숨을 걸고 스페인 원정대를 도왔던 거야.

게다가 스페인 원정대는 사용하는 무기도 훨씬 우수했고, 작전도 좋았어. 처음엔 평화를 위해서 온 듯 행동하다 갑자기 아즈텍 제국의 황제를 인질로 잡기도 했지. 그리고 스페인 사람들과 함께 들어온 병균에 수많은 아즈텍 사람들이 감염되어 죽었어. 처음 접하는 병균에 대한 면역력이 전혀 없는 아메리칸 원주민은 독감만 걸려도 죽어 나갈 정도였거든(나중에는 아메리카 원주민의 90%가 유럽에서 온 천연두와 홍역 같은 전염병으로 목숨을 잃었다고 해).

아즈텍 제국에서 벌어진 일은 잉카 제국(지금의 페루)에서도 비슷하게 반복되었어. 아즈텍과 잉카 제국을 정복한 스페인은 자신의 영토보다 수십 배나 넓은 땅을 차지하게 되었단다.

041
1526년
티무르의 후예 바부르, 인도에 무굴 제국을 세우다

스페인이 멕시코와 페루를 차지할 무렵, 북인도에선 티무르의 후예 바부르가 무굴 제국을 세웠어. 티무르 제국이 무너지고 동쪽으로 밀려난 바부르는 아예 인도까지 와서 새로운 나라를 세운 거야. '무굴'이란 '몽골'을 뜻하는 말이고 바부르의 어머니는 칭기즈 칸의 후손이라고 하니, 무굴은 진짜 몽골 제국을 이어받은 나라라고 볼 수 있지.

무굴 제국은 티무르 제국처럼 이슬람 국가였어. 바부르와 함께 온 무굴 제국의 지배층들은 모두 무슬림이었지. 사실 북인도는 이미 오래전부터 이슬람 왕조가 지배하고 있었어. 13세기에 문을 연 델리 왕조를 시작으로 5개의 이슬람 왕조가 번갈아 가며 북인도를 지배했단다. 남인도에는 촐라 왕조를 비롯한 힌두교 왕국들이 있었고 말이야.

> '무굴'이란 '몽골'을 뜻하는 말이고
> 바부르의 어머니는 칭기즈 칸의 후손이라고 하니,
> 무굴은 진짜 몽골 제국을 이어받은 나라라고 볼 수 있지.

북인도의 이슬람 왕조들은 다른 종교를 크게 차별하지 않았어. 힌두교도들도 세금만 조금 더 내면 자유롭게 종교 생활을 할 수 있었지. 오히려 많은 힌두교인들이 자발적으로 이슬람으로 개종했어. 이건 태어나면서부터 신분을

나누어 차별하는 힌두교의 카스트 제도 탓이 컸어. 여기에 불만을 품고 있던 힌두교도들이 모든 사람은 신 앞에 평등하다고 가르치는 이슬람으로 개종한 거야.

바부르가 세운 무굴 제국은 이전의 이슬람 왕조와 달리 더 넓은 인도 영토를 더 오랫동안 차지했어. 바부르의 손자인 아크바르

1543년 한반도

조선 최초의 서원이 문을 열다

서원이란 조선 시대에 지방에서 학문을 가르치고, 훌륭한 유학자(유교를 공부하는 학자)들의 제사를 지내던 곳이야. 원래 중국에서 시작되었는데, 조선에선 중종 때 백운동 서원이 처음 문을 열었지. 백운동 서원은 몇 년 후에 왕으로부터 '소수서원'이란 새로운 이름과 노비, 땅을 받았어(왕이 친히 이름을 내려준 곳을 '사액서원'이라고 불러). 이후 서원은 수백 개로 늘어나면서 지방 양반들의 집합소가 되었어. 여기 모여 공부도 하고, 지역 사회의 중요한 일들을 결정하기도 했지. 서원 덕분에 지역에서 양반들의 힘이 더욱 강해진 거야.

황제는 남인도 일부를 제외한 인도 전역을 통일했을 뿐 아니라, 힌두교도들이 무슬림보다 조금 더 내던 세금마저 없애 인기가 높았지. 덕분에 무굴 제국은 번영을 누리게 되었단다.

무굴 제국 시기에는 이슬람과 힌두 문화가 융합하고, 페르시아(지금의 이란), 튀르크 문화까지 더해져 찬란한 문화가 꽃을 피웠어. 이슬람식 돔 지붕에 힌두교식 연꽃 문양을 새겨 넣은 타지마할이 무굴 제국을 상징하는 건축물이야. 타지마할은 인도에서 가장 유명한 건축물로 유네스코 세계유산에 이름을 올렸단다.

1543년
코페르니쿠스, '지동설'을 주장하는 책을 펴내다

조선 최초의 서원이 문을 연 해, 폴란드의 천문학자이자 주교(가톨릭 성직자)였던 코페르니쿠스는 〈천체의 회전에 관하여〉라는 책을 펴냈어. 그는 이 책에서 태양이 지구 주위를 도는 것(천동설)이 아니라, 지구가 태양 주위를 돈다(지동설)고 주장했지. 사실 그가 지동설을 처음 주장한 것은 수십 년 전이었어. 단순히 주장만 한 것이 아니라 지구와 태양, 다른 행성들과의 움직임을 통해서 수학적으로 증명한 거야.

하지만 그는 이런 주장을 책으로 펴내는 것을 망설였어. 당시 기독교는 천동설을 가르치고 있었거든. 성경에 태양과 별들이 지구 주위를 도는 걸로 나와 있으니 당연한 일이었지. 이런 상황에서 지동설을 주장한다면 자칫 이단으로 몰릴 수도 있었어. 더구나 코페르니쿠스는 가톨릭 성직자라 더욱 조심할 수밖에.

> 사실 그가 지동설을 처음 주장한 것은 수십 년 전이었어.
> 단순히 주장만 한 것이 아니라 지구와 태양,
> 다른 행성들과의 움직임을 통해서 수학적으로 증명한 거야.

자신의 주장을 담은 글을 쓰긴 했지만, 책으로 펴내는 것은 20년쯤 지난 뒤였어. 죽음을 앞두고 주변 사람들의 요청에 못 이겨 책을 내게 된 거야. 실제로 코페르니쿠스는 책이 나오자마자 세상을 떠났다고 해.

지동설을 주장한 건 코페르니쿠스가 처음이 아니었어. 무려 1800년이나

1545년 한반도

문정왕후가 수렴청정을 시작하다

코페르니쿠스가 세상을 뜨고 2년이 지난 뒤, 조선에선 인종이 죽고 명종이 즉위했어. 이때 명종은 겨우 12살이었기 때문에 어머니인 문정왕후가 대신 나라를 다스렸어. 이렇게 왕의 어머니(대비)나 할머니(대왕대비)가 어린 왕을 대신해 나라를 다스리는 것을 '수렴청정'이라고 해. 문정왕후가 권력을 잡으면서 친정 식구들도 덩달아 권력을 휘둘렀어. 특히 동생이었던 윤원형은 돈을 받고 벼슬을 팔아먹을 정도로 못된 짓을 일삼았지. 그런 탓에 나라는 혼란스럽고 백성들의 생활은 어려워졌어(유명한 도둑 임꺽정이 활약한 게 바로 이때야). 조선뿐 아니라 중국과 일본에서도 왕비의 집안(외척)이 권력을 잡고 나라를 어지럽힌 일이 많았단다.

앞서 고대 그리스의 아리스타르코스가 그런 주장을 펼쳤지. 하지만 고대 그리스에서 가장 뛰어난 철학자로 손꼽히는 아리스토텔레스가 천동설을 주장하고, 2세기 무렵 프톨레마이오스라는 위대한 천문학자가 그것을 수학적으로 증명해내면서 유럽 사람들은 모두 천동설을 믿게 되었어(물론 프톨레마이오스의 증명에는 결정적 오류가 있었지). 코페르니쿠스가 〈천체의 회전에 관하여〉를 쓸 때까지도 말이야.

코페르니쿠스의 주장은 구텐베르크가 발명한 금속활자 인쇄기 덕분에 책으로 만들어져 널리 퍼졌어. 이 책은 훗날 케플러나 갈릴레이, 뉴턴 같은 과학자들에게 영향을 주었고, 유럽의 과학이 크게 발전하는 계기가 되었단다. 코페르니쿠스의 지동설에서 시작해 뉴턴의 만유인력 발견에 이르는 과학 발전을 '과학 혁명'이라고도 불러.

1588년
영국이 스페인의 무적함대를 격파하다

스페인은 아즈텍과 잉카 제국을 차지한 후, 어마어마한 금과 은을 실어 나르기 시작했어. 이 지역에는 금과 은이 풍부했거든. 그러자 다른 나라들도 가만 있지 않았지. 하지만 이미 아메리카의 알짜배기 땅들은 스페인이 차지하고 있는데 어떻게 했을까? 영국은 비겁하지만 손쉬운 방법을 찾아냈어. 금과 은을 운반하는 스페인 배들을 바다에서 약탈한 거야. 여기에는 정규 해군이 아니라 해적들이 동원되었단다. 해적에게 '약탈 허가증'을 비롯한 여러 가지를 지원해 주고, 그들이 노략질한 금과 은을 상납 받은 거야.

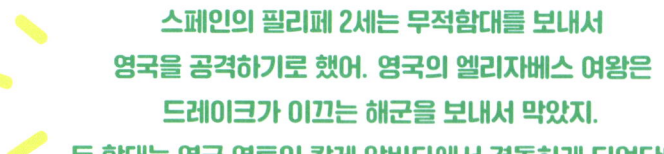

스페인의 필리페 2세는 무적함대를 보내서
영국을 공격하기로 했어. 영국의 엘리자베스 여왕은
드레이크가 이끄는 해군을 보내서 막았지.
두 함대는 영국 영토인 칼레 앞바다에서 격돌하게 되었단다.

스페인은 이를 항의하고 해적들의 처벌을 요구했지만 당시 영국을 다스리고 있던 엘리자베스 여왕은 들은 척도 하지 않았어. 오히려 가장 많은 금화를 약탈해온 해적 두목 드레이크에게 훈장을 수여하고 기사로 삼았단다. 그러고는 그를 해군 사령관에 임명했지. 사실 영국은 스페인에 비해 해군력이 약했어. 이에 비해 스페인은 '무적함대'라고 불리는 막강한 함대를 보유하고

1592년 한반도

임진왜란이 시작되다

전국 시대를 끝내고 일본을 통일한 도요토미 히데요시는 조선을 침략했어. 그는 조선을 거쳐 명나라를 정복하고 인도까지 차지할 계획이었지(좀 허황된 꿈이긴 하네). 반면 오랫동안 전쟁을 모르고 살아온 조선은 일본군과 맞서 싸울 군사력을 갖추지 못했어. 삼포왜란 이후 일본과 관계를 끊다시피 해서 정보에도 어두웠고 말이야. 그러다 보니 일본군은 부산에 상륙한 지 불과 보름 만에 한양에 도착할 만큼 진군이 빨랐어. 그동안 조선군은 싸우는 족족 패하고 말았지. 임금은 북쪽으로 도망치고, 백성들은 고통을 겪었단다.

있었지(무적함대는 1571년 레판토 해전에서 당시 최강이었던 오스만 제국의 해군을 격파한 것으로 유명해).

스페인의 필리페 2세는 무적함대를 보내서 영국을 공격하기로 했어. 영국의 엘리자베스 여왕은 드레이크가 이끄는 해군을 보내서 막았지. 두 함대는 영국 영토인 칼레 앞바다에서 격돌하게 되었단다(그래서 이걸 '칼레 해전'이라고 불러). 결과는 놀랍게도 영국의 승리였어. 드레이크는 해적 출신답게 치고 빠지는 작전을 썼지. 빠른 영국 전선(싸움배) 앞에서 무적함대는 허둥대기 시작했어. 그리고 영국은 배에 화약을 잔뜩 싣고 불을 붙인 후 스페인 함대로 돌진해서 큰 피해를 입혔어.

싸울 의지를 잃어버린 무적함대는 후퇴를 결정했는데, 돌아가는 길에 태풍을 만나서 전투 때보다 훨씬 더 큰 피해를 입었어. 칼레 해전을 계기로 스페인의 무적함대는 힘을 잃었고, 영국은 최강의 해상국가로 발돋움하게 되었단다.

044
1600년
영국이 동인도회사를 세우다

스페인 무적함대를 물리친 영국은 유럽과 아메리카를 잇는 무역에 본격적으로 뛰어들었어. 아메리카에서 금과 은뿐 아니라 사탕수수(설탕), 담배, 목화 같은 상품을 대량으로 재배해서 유럽으로 수입했지.

그런데 이 과정에서 노예처럼 혹사당한 아메리카 원주민들이 죽어나가기 시작했어. 하도 심하게 부려먹으니 이에 견디다 못한 원주민들이 자살을 하고, 아이를 낳지 않을 정도였다니까. 그러니 원주민 숫자가 급격하게 줄어들 수밖에 없었지.

동인도회사는 국가에서 만든 무역회사였지만, 외국에선 마치 별개의 국가처럼 움직였어. 다른 나라와 조약을 맺거나 전쟁을 벌일 수도 있었으니까 말야.

상황이 이렇게 되자 유럽인들은 아프리카에서 노예를 사서 아메리카로 실어 날랐어. 이때 노예를 잡은 건 유럽인이 아니라 아프리카 사람들이었어. 아프리카에서는 옛날부터 다른 부족들을 잡아다 노예로 파는 일이 흔했거든. 그러다 이 시기가 되자 그 숫자가 엄청나게 늘어난 거야(이 시기에 아프리카에서 아메리카로 간 노예는 무려 1,500만 명이 넘는대).

유럽인들은 화약이나 무기, 옷 같은 것들을 주고 아프리카에서 노예를 사들인

후, 아메리카로 가서는 설탕, 담배, 목화 같은 상품으로 바꿔서 유럽으로 가져갔어. 이렇게 유럽과 아프리카, 아메리카를 삼각형으로 잇는 거래를 '삼각무역'이라고 불러.

유럽인들은 삼각무역으로 벌어들인 돈으로 아시아에 진출했어. 아시아에서 향신료와 차, 도자기를 사 오려면 많은 돈이 필요했거든. 중국을 비롯한 아시아 사람들은 유럽의 상품에 별로 관심이 없어서 돈(주로 은)으로 물건값을 받았기 때문이야. 유럽의 아시아 진출에는 영국과 네덜란드의 동인도회사가 앞장을 섰단다. 영국 동인도회사는 1600년, 네덜란드 동인도회사는 그보다 2년 늦게 세워졌어.

동인도회사는 국가에서 만든 무역회사였지만, 외국에선 마치 별개의 국가처럼 움직였어. 다른 나라와 조약을 맺거나 전쟁을 벌일 수도 있었으니까 말야. 동인도회사는 군대까지 가지고 있었거든. 처음엔 네덜란드 동인도회사가 앞서 나갔지만, 나중엔 영국 동인도회사가 인도 전체를 차지할 정도로 커지게 되었단다.

> ### 1596년 한반도
> ### 정유재란이 일어나다
> 임진왜란 초기 일방적으로 밀리던 조선은 이순신 장군이 바다에서 승리를 이어가고 명나라 군대가 참전하면서 전세를 뒤집었어. 그러면서 명나라와 일본 사이에 휴전 협상이 벌어졌지(6.25 전쟁 때 우리는 빼고 미국과 북한, 중국이 휴전 협상을 벌인 것과 비슷하군). 하지만 협상은 결렬되었고, 일본은 다시 20만 대군을 보내서 조선을 공격했는데 이걸 정유재란이라고 불러. 정유재란이 일어난 지 1년 만에 도요토미 히데요시가 병으로 죽자 일본군이 물러가면서 전쟁은 끝나게 되었단다.

1001년~1600년

400만 년 전~1000년

1001년~1600년

1601년~1900년

1900년~현재

1601년~1900년

세계사

일본에 에도 막부가 들어서다 — 1603년

유럽이 '30년 전쟁'에 빠져들다 — 1618년

만주족이 세운 청나라가 중국을 통일하다 — 1644년

크롬웰이 왕을 처형하고 공화국을 선포하다 — 1649년

한국사

1608년
경기도에 대동법을 실시하다

1628년
광해군이 쫓겨나고 인조가 즉위하다

1636년
조선이 청나라에 항복하다

1670년
대기근이 조선을 덮치다

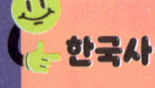

루이 14세가
베르사유 궁전을
완성하다

표트르 대제,
러시아 제국을
선포하다

제임스 와트가
새로운 증기기관을
만들다

미국이
독립을
선언하다

프랑스 혁명이
일어나다

| 1710년 | 1721년 | 1765년 | 1776년 | 1789년 |

1701년
장희빈이
사약을 받고
죽다

1742년
영조가
성균관 앞에
탕평비를 세우다

1762년
사도세자가
뒤주에 갇혀
죽다

1776년
사도세자의 아들
정조가 왕위에 오
르다

1793년
정조가
수원 화성을
완성하다

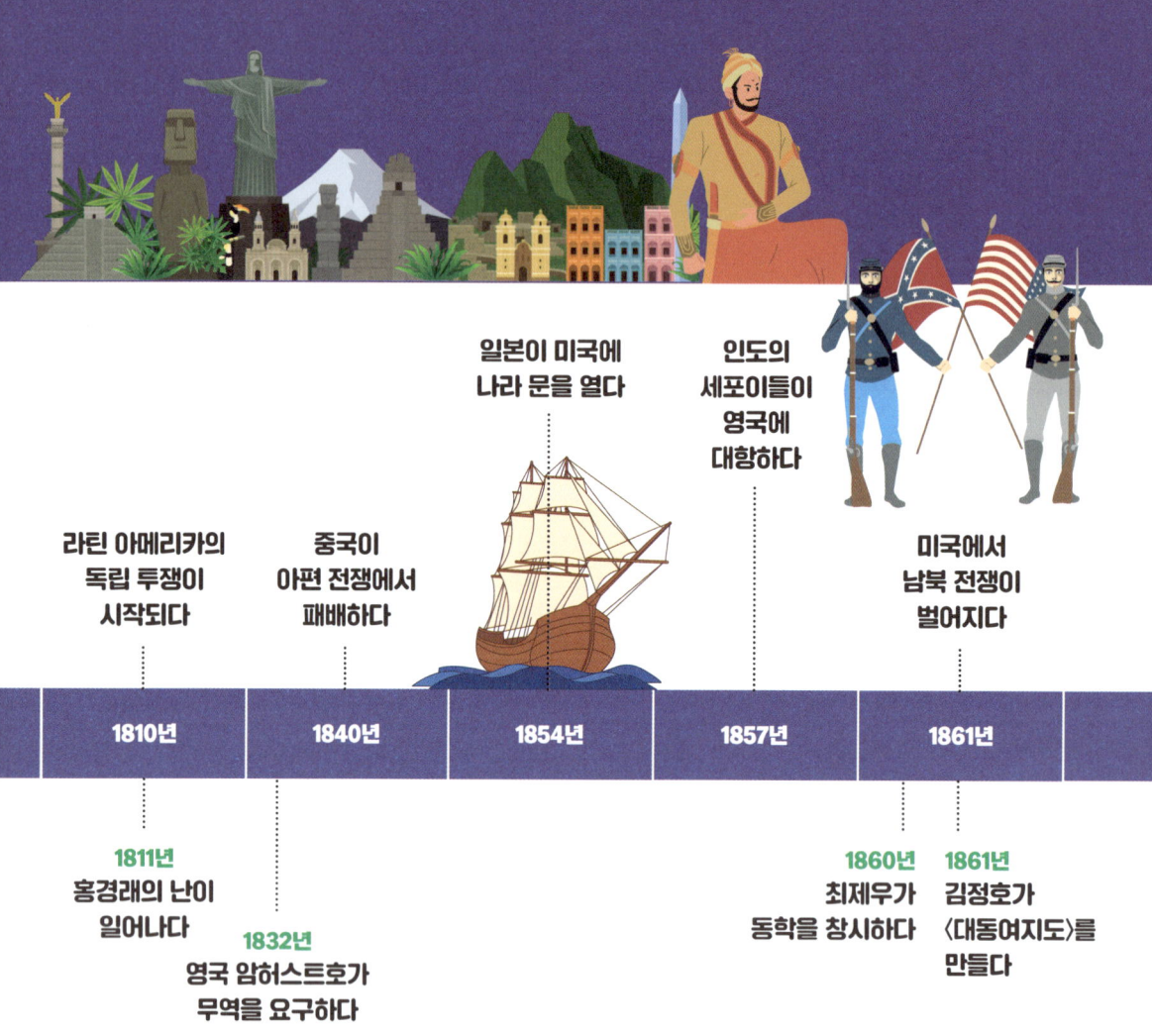

1601년~1900년

일본에서 메이지 유신이 일어나다

'태국의 세종대왕' 라마 5세가 왕위에 오르다

비스마르크, 독일 통일을 이루다

에디슨이 전구를 발명하다

1868년　　　　**1871년**　　　　**1879년**

1866년
프랑스군이 강화도를 공격하다

1868년
독일인 오페르트가 남연군 묘를 파헤치다

1876년
조선이 일본에 나라 문을 열다

1887년
경복궁이 에디슨의 전구로 환해지다

1863년
흥선 대원군이 권력을 잡다

1603년
일본에 에도 막부가 들어서다

도요토미 히데요시가 죽은 후 일본에선 권력 싸움이 벌어졌어. 히데요시는 죽으면서 60살에 낳은 늦둥이 히데요리에게 권력을 넘겼지만, 2인자였던 도쿠가와 이에야스가 호시탐탐 권력을 노렸거든. 이를 눈치챈 히데요리 충성파들이 뭉치자 도쿠가와 세력도 가만있지 않았지. 이들은 교토에서 좀 떨어진 세키가하라에서 최후의 결전을 벌였단다.

에도 막부가 시작되자 오랜만에 일본 전역에 평화가 찾아왔어. 오닌의 난부터 세키가하라 전투까지 140년 가까이 계속된 전쟁 끝에 찾아온 평화였지. 에도 시대의 평화는 막부가 다이묘들을 철저히 통제했기 때문에 가능한 일이었어.

양편을 합해 15만여 명의 군인들이 참여한 전투에서 도쿠가와 이에야스가 승리를 거두고 권력을 잡았어. 사실 도요토미도 자신이 모시던 다이묘가 갑자기 죽자 그 아들을 제치고 권력을 잡은 것이니, 도쿠가와는 도요토미를 그대로 따라 한 셈이야. 세키가하라 전투 이후 2년 만에 도쿠가와 이에야스는 쇼군이 되어 에도(지금의 도쿄)에 막부를 열었어. 가마쿠라 막부와 무로마치 막부에 이어 세 번째 무사 정권이 들어선 거야.

에도 막부가 시작되자 오랜만에 일본 전역에 평화가 찾아왔어. 오닌의 난부터 세키가하라 전투까지 140년 가까이 계속된 전쟁 끝에 찾아온 평화였지. 에도 시대의 평화는 막부가 다이묘들을 철저히 통제했기 때문에 가능한 일이었어.

우선 에도 막부는 다이묘의 충성도에 따라 영지(영주에게 나눠주는 땅)를 분배했어. 세키가하라 전투 때 반대편에 섰던 다이묘들의 땅을 빼앗아 자신들을 도왔던 다이묘에게 주었지. 물론 가장 큰 몫은 막부 자신이 차지했고 말이야(에도 막부는 일본 전체의 ¼가량을 자신의 영지로 삼았어). 이렇게 생겨난 지방 정부를 '번'이라고 불러. 에도 시대 일본에는 대략 300개 정도의 번이 있었단다.

1608년 한반도

경기도에 대동법을 실시하다

대동법이란 세금으로 지역 특산물을 바치는 대신 쌀로 내는 제도야. 특산물을 바치는 공납은 조선 초기부터 있었는데, 시간이 흐르면서 더이상 나지도 않는 특산물을 내라는 경우가 많아졌어. 그러자 돈을 받고 공납을 대신 내주는 전문 업자들이 생겨났고, 이들이 관리들과 결탁해서 엄청난 이문을 남겼지. 백성들의 부담은 곱절로 늘어났고 말이야. 그래서 이전부터 공납 대신 대동법을 실시해야 한다는 주장이 있었지만, 관리들이 반대하는 바람에 실시하지 못했어. 그러다 임진왜란으로 백성들이 살기 어려워지자 일단 경기도에서부터 시행하게 되었단다. 나중에 대동법은 전국으로 확대되었고, 백성들은 부담을 덜 수 있었어.

에도 시대에는 다이묘 집안끼리 결혼을 하거나 성을 쌓으려면 막부의 허락을 받아야 했어. 다이묘끼리 힘을 합치거나, 스스로의 힘을 키우는 걸 막은 거야. 그리고 다이묘의 가족을 애도에 머물게 해서 반란의 싹을 잘랐지(여차하면 인질로 삼을 수 있으니까). 에도 막부는 조선과도 평화 조약을 맺고 사신도 주고받았어.

나라 안팎의 평화는 번영을 가져왔어. 농민들이 전쟁 대신 농사에 전념하니 생산량뿐 아니라 농지도 늘어났지. 더불어 상업도 발달해서 전국에 시장이 들어서고 부유한 상인들이 생겨났어. 덕분에 에도 시대에는 화려한 문화가 꽃피게 되었단다.

046
1618년
유럽이 '30년 전쟁'에 빠져들다

루터의 종교 개혁 이후 유럽은 구교(가톨릭)와 신교(루터파 등 종교 개혁 세력)로 나뉘어 대립하게 되었어. 이런 대립은 전쟁으로 번지기도 했지. 프랑스에서 가톨릭 세력과 위그노(프랑스 신교 세력) 사이에 벌어진 전쟁이 대표적이야.

1618년 보헤미아 왕국(지금의 체코)에서도 종교 전쟁이 일어났어. 새로 보헤미아 왕이 된 페르디난트 2세가 신교도를 탄압했거든. 그러자 신교를 믿던 귀족들이 반란을 일으켰어. 여기에 이웃나라 독일의 영주들까지 끼어들면서 전쟁은 커지게 되었지. 거기다 가톨릭의 수호자를 자처한 스페인이 참전하고, 나중에는 신교 국가인 덴마크와 스웨덴이 군대를 보내면서 전쟁은 유럽 전역으로 번졌어. 결국 전쟁은 30년 동안이나 이어졌고, 영국 등 몇 나라를 제외한 대부분의 유럽 국가들이 참여하게 되었단다.

처음엔 종교 때문에 시작된 싸움이었는데,
나중에는 독립을 하거나 영토를 넓히기 위해서 전쟁을 하게 된 거야.
30년 전쟁을 통해서 스페인의 지배를 받던 네덜란드가 독립했고,
프랑스는 독일 땅이었던 알자스와 로렌 지역을 손에 넣었지.

1628년 한반도

광해군이 쫓겨나고 인조가 즉위하다

대동법이 처음 실시된 건 광해군 때였어. 광해군은 대동법 말고도 잘한 일이 여럿이었지. 허준으로 하여금 <동의보감>을 짓게 해서 백성의 병 치료를 도왔고, 명나라와 청나라 사이에서 중립 외교를 펼쳐 조선의 이익을 지키려고 했어. 하지만 잘못한 일도 꽤 많아. 동생인 영창대군을 죽이고 새어머니 인목대비를 가둬버린 일, 궁궐을 여러 개나 짓느라 백성들을 고생시키고 나라 곳간은 텅 비게 만든 일 등이 그래. 또 역모를 일으켰다면서 여러 왕족과 신하를 죽였지. 결국 왕족과 신하들이 힘을 합쳐 광해군을 쫓아내고 인조가 새 왕이 되었단다.

그런데 시간이 흐르면서 전쟁의 성격이 바뀌었어. 처음엔 종교 때문에 시작된 싸움이었는데, 나중에는 독립을 하거나 영토를 넓히기 위해서 전쟁을 하게 된 거야. 30년 전쟁을 통해서 스페인의 지배를 받던 네덜란드가 독립했고, 프랑스는 독일 땅이었던 알자스와 로렌 지역을 손에 넣었지. 북유럽의 강국이 된 스웨덴은 유럽 북쪽 발트해의 지배권을 얻었고 말이야.

전쟁의 주무대였던 독일은 큰 피해를 입었어. 전체 인구의 ⅓ 정도가 전쟁 기간 동안 희생되었다니 말 다 했지. 대신 독일의 영주들은 교황의 영향력에서 완전히 벗어나게 되었어. 또한 독일 영주들이 선거로 뽑던 황제의 지배력도 땅에 떨어졌단다(선거로 뽑은 터라 원래부터 힘이 없기도 했어). 이제 독일은 영주가 다스리는 수십 개의 작은 나라들로 분열된 거야.

이 모든 전쟁의 결과를 담은 문서가 '베스트팔렌 조약'이야. 전쟁에 참여한 각 나라의 대표들이 독일 베스트팔렌 지역에 모여서 서명한 조약이지. 베스트팔렌 조약 이후에는 유럽에서 더 이상 종교 전쟁이 벌어지지 않게 되었단다(그래서 30년 전쟁을 '마지막 종교 전쟁'이라고도 불러).

1644년
만주족이 세운 청나라가 중국을 통일하다

유럽에서 30년 전쟁이 한창일 때, 중국에선 큰 변화가 일어나고 있었어. 명나라가 쇠퇴하고 만주족이 세운 후금이 새롭게 떠오른 거야. 만주족은 고려 시대 여진족의 새 이름이란다. 이들은 고려 때 세웠던 금나라의 뒤를 잇는 후금을 세우고 점차 세력을 키워 나갔어.

후금이 뜨는 해라면 명나라는 지는 해였어. 무능한 황제들이 잇따라 즉위하면서 권력은 환관들의 손에 들어갔지(이건 당나라가 망할 때랑 비슷하지?). 북쪽에선 몽골을 비롯한 북방 민족들이 쳐들어오고 남쪽에서는 해적 세력인 왜구가 노략질을 일삼았고 말이야. 임진왜란 때 조선으로 군대를 보낸 것도 나라 살림을 어렵게 만들었지. 그런 탓에 세금을 올리자 백성들의 반란이 꼬리를 물고 일어났단다.

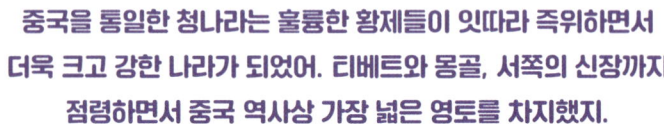

중국을 통일한 청나라는 훌륭한 황제들이 잇따라 즉위하면서 더욱 크고 강한 나라가 되었어. 티베트와 몽골, 서쪽의 신장까지 점령하면서 중국 역사상 가장 넓은 영토를 차지했지.

후금을 세운 누르하치는 명나라를 무너뜨리고 중국 전체를 차지하는 것이 목표였어. 이를 위해서 팔기군이라는 정예 부대를 키우고, 농업과 상업을 발전시켜 나라를 부강하게 만들었지. 또한 만주 문자를 만들어서 백성들이 쉽게

1636년 한반도

조선이 청나라에 항복하다

청나라를 세운 홍타이지는 먼저 조선을 공격했어. 신하의 나라가 되라는 요구를 조선이 거부했기 때문이야. 명나라를 본격적으로 공격하기에 앞서 조선이 명을 돕지 못하도록 미리 선수를 치는 뜻도 있었지. 당시 왕위에 있던 인조는 남한산성으로 피했지만, 채 두 달을 버티지 못하고 항복하고 말았어. 직접 군대를 이끌고 온 홍타이지 앞으로 가서 무릎을 꿇고 머리를 조아려야 했지. 인조의 두 아들은 인질로 끌려갔고 말이야. 또한 수십만 명이나 되는 조선인들이 포로로 잡혀가는 등 백성들도 큰 어려움을 겪었단다.

쓸 수 있도록 했어(이건 세종대왕이랑 비슷하지만, 한글과 달리 만주 문자는 시간이 지나면서 거의 쓰이지 않게 되었어).

누르하치의 뒤를 이은 홍타이지는 나라 이름을 '청'으로 바꾸고 황제의 자리에 올랐어. 그러고는 명나라를 본격적으로 공격했지. 아무리 지는 해라지만 명나라도 만만치 않았어. 청나라보다 인구도 수십 배나 많고 땅도 훨씬 넓었거든. 하지만 잇따른 반란 탓에 명나라는 안에서부터 무너지고 있었단다.

결국 명나라를 멸망시킨 것은 청나라가 아니라 이자성이 이끄는 농민 반란군이었어. 그는 명나라의 수도 베이징을 점령하고 황제가 되었지만, 얼마 못 가 도망치는 신세가 되고 말았어. 나라가 망하자 명나라 군대가 청나라에 항복해 버렸거든. 명나라 군대까지 거느린 청나라는 손쉽게 베이징을 차지하게 되었단다.

중국을 통일한 청나라는 훌륭한 황제들이 잇따라 즉위하면서 더욱 크고 강한 나라가 되었어. 티베트와 몽골, 서쪽의 신장까지 점령하면서 중국 역사상 가장 넓은 영토를 차지했지. 백성들의 살림살이와 문화도 크게 발달했고 말이야.

1649년
크롬웰이 왕을 처형하고 공화국을 선포하다

청나라가 중국을 통일할 무렵, 영국에선 왕과 의회가 내전(한 나라 안에서 벌어지는 전쟁)을 벌이고 있었어. 갈등은 찰스 1세가 의회를 무시하고 세금을 마음대로 걷은 일로 시작됐지. 옛날 존 왕이 〈대헌장〉에 서명하게 된 것도 세금 문제 때문이었던 것, 기억나? 덕분에 영국에서 처음으로 의회가 생겼다고 했잖아. 그로부터 400여 년이 흐른 뒤, 세금 문제 때문에 왕과 의회가 총칼을 들고 싸우게 된 거야.

마침내 승리한 크롬웰은 찰스 1세를 공개 처형하고 공화국(왕이 없이 국민들이 스스로를 다스리는 나라)을 선포했어. 이 일에 크롬웰을 비롯한 청교도들이 앞장섰기 때문에 '청교도 혁명'이라고 불러.

이번에는 세금에 종교 문제까지 더해졌어. 독실한 가톨릭 신자였던 찰스 1세가 영국의 신교도를 차별했거든. 그러자 많은 신교도들이 의회파에 가담해서 왕당파와 싸웠지. 처음에는 왕당파가 우세했지만, 의회파의 지도자 크롬웰이 청교도(신교도의 일파)를 중심으로 특수 부대인 '철기군'을 만들면서 전세가 역전됐어. 갑옷과 종교적 신념으로 무장한 철기군들이 목숨을 아끼지 않고 싸운 덕분이야.

마침내 승리한 크롬웰은 찰스 1세를 공개 처형하고 공화국(왕이 없이 국민들이 스스로를 다스리는 나라)을 선포했어. 이 일에 크롬웰을 비롯한 청교도들이 앞장섰기 때문에 '청교도 혁명'이라고 불러. 왕을 처형한 크롬웰은 '호국경'이 되어 나라를 다스렸지. 호국경은 왕과 다름없는 권력을 가졌단다. 그는 이웃나라와 전쟁을 벌이는 한편, 종교적 신념으로 나라를 다스렸어. 신앙에 방해가 되는 술과 도박, 연극 등을 금지했지. 그리고 이걸 조금이라도 어기는 사람에겐 큰 벌을 주었고 말이야.

크롬웰이 병에 걸려 죽자, 영국 사람들은 프랑스에 피신해 있던 찰스 1세의 장남을 새 왕으로 모셨어(찰스 2세). 크롬웰의 공포 정치보다는 차라리 왕의 통치가 더 좋다고 생각했기 때문이야. 하지만 찰스 2세의 뒤를 이은 제임스 2세가 다시 의회를 무시하고 제 마음대로 나라를 다스리자, 의회에서는 그를 쫓아내고 새로운 왕을 세웠어. 이 일은 무력 충돌 없이 평화롭게 이루어져서 '명예 혁명'이라고 불러. 청교도 혁명과 명예 혁명을 거치면서 영국에선 의회의 힘이 더 커지게 되었단다.

1670년 한반도

대기근이 조선을 덮치다

병자호란의 상처가 채 아물기도 전에, 조선에 대기근(아주 심한 식량 부족 사태)이 찾아왔어. 1670년(경술년)부터 이듬해(신해년)까지 이어진 대기근을 '경신대기근'이라고 불러. 봄에 눈이 내리고 우박이 쏟아지더니, 가뭄까지 겹쳐서 흉년이 들었지. 이런 기상이변은 이듬해까지 계속됐어. 엎친 데 덮친 격으로 전염병까지 돌아서 수많은 사람들이 굶주리고 병들어 죽었지. 두 해 동안 죽은 사람만 대략 백만 명에 이른다고 해. 오죽했으면 "전쟁 때도 이 정도는 아니었다"라는 말이 나왔다니까. 한편 경신대기근은 대동법이 전국으로 확대되는 계기가 되기도 했어. 굶주리는 백성들에게 세금 부담이라도 줄여 준 거야.

1710년
루이 14세가 베르사유 궁전을 완성하다

영국에서 의회의 견제를 받은 왕권이 약해지는 동안, 다른 유럽 국가의 왕권은 강해졌어. 특히 영국과 오랜 라이벌 관계였던 프랑스가 그랬지. 이 무렵 프랑스를 다스리던 루이 14세는 '태양왕'으로 불리며 절대 권력을 휘둘렀어(심지어 "내가 곧 국가다"라는 말을 할 정도였대). 그는 아버지 루이 13세의 별장이었던 베르사유 궁전을 웅장하게 다시 짓고 왕권의 상징으로 삼았단다.

> 이 무렵 프랑스를 다스리던 루이 14세는 '태양왕'으로 불리며 절대 권력을 휘둘렀어(심지어 "내가 곧 국가다"라는 말을 할 정도였대). 그는 아버지 루이 13세의 별장이었던 베르사유 궁전을 웅장하게 다시 짓고 왕권의 상징으로 삼았단다.

지금도 전 세계 관광객들을 불러들이고 있는 베르사유 궁전은 엄청난 규모를 자랑해. 무려 2,300여 개의 방이 있을 정도라니까. 루이 14세는 수천 명의 귀족을 이곳에 머물도록 했어. 귀족들은 베르사유 궁에 살면서 왕을 향해 충성 경쟁을 벌였단다. 당연히 왕권은 더욱 강해질 수밖에 없었고 말이야. 게다가 귀족들한테 방세까지 받았다니, 그야말로 "꿩 먹고 알 먹고"였지!

이렇게 왕이 절대 권력을 휘두르는 걸 '절대 왕정'이라고 불러. 이전까지 유럽에서는 왕의 힘이 그다지 크지 않았거든. 왕은 수도를 비롯한 중앙만을 다스

루이 14세

> #### 1701년 한반도
> ### 장희빈이 사약을 받고 죽다
>
> 조선 숙종의 후궁이었던 장희빈은 궁녀로 들어갔다가 후궁을 넘어 왕비의 자리까지 올랐어. 장희빈에게 푹 빠진 숙종이 본부인이었던 인현왕후를 쫓아내고 장희빈을 왕비로 삼은 거야. 하지만 몇 년 뒤에는 다시 인현왕후를 왕비로 삼고, 장희빈을 후궁으로 내렸지. 이에 앙심을 품은 장희빈이 인현왕후를 저주하자, 숙종은 사약을 내려 장희빈을 죽였단다. 그런데 이 과정에서 장희빈이나 인현왕후 편을 들었던 수많은 신하들 또한 사약을 받거나 귀양을 가야 했어. 다른 신하들은 왕의 눈치를 보게 되었고 말이야. 그래서 이 모든 일들은 사실 왕권을 강화하기 위해 숙종이 꾸민 일이라는 주장도 있어.

릴 뿐, 지방은 귀족(영주)들이 대를 이어가며 다스리고 있었으니까 말야. 하지만 영주의 힘이 미치지 않는 자유 도시들이 늘어나고 흑사병으로 농민이 줄어들면서 영주의 힘은 점차 약해졌지. 그러자 왕권이 커지게 된 거야.

힘이 커진 왕은 귀족을 자신에게 충성하는 신하로 삼아 나라를 다스렸어. 또한 자신의 왕권은 신에게서 받은 것이라고 주장했지. 그만큼 왕권이 절대적이라는 뜻이야. 그러고는 자신에게 충성하는 군대를 만들었단다. 이전에는 전쟁이 나면 귀족들을 불러야 해서 그들의 눈치를 봐야 했는데, 이제는 그럴 필요가 없어진 거야.

이렇게 신하를 뽑고 군대를 만들려면 많은 돈이 필요했는데, 이건 귀족 대신 상업이나 공업으로 돈을 많이 번 시민들에게 거뒀어. 그러면서 상업과 공업이 발달할 수 있도록 각종 지원을 아끼지 않았지. 덕분에 여러 산업이 발전하고 나라도 부강해졌단다.

1721년
표트르 대제, 러시아 제국을 선포하다

표트르 대제

서유럽에서 절대 왕정이 자리를 잡을 무렵, 유럽 동쪽의 러시아에도 절대 왕정이 등장했어. 러시아 역사상 가장 위대한 군주 중 한 명으로 손꼽히는 표트르 대제(위대한 황제)가 그 주인공이야. 그는 러시아를 강대국으로 성장시키면서 이름도 '러시아 제국'으로 바꿨단다. 이전까지 러시아의 나라 이름은 '모스크바 대공국(높은 귀족이나 왕자가 다스리는 나라)'이었어. 대공국에서 제국이 되었으니, 훨씬 높아진 느낌이지?

사실 표트르 대제 이전까지만 해도 러시아는 다른 서유럽 국가들에 비해 발전이 늦었어. 땅도 지금처럼 넓지 않았고, 차르(황제)의 힘도 약했지. 9세기 키예프 공국으로 시작한 러시아의 역사는 모스크바 대공국으로 이어졌지만, 여전히 유럽의 변두리 취급을 받은 거야.

러시아로 돌아온 표트르 대제는 자신이 체험한 서유럽 스타일로 나라를 개혁했어. 덕분에 러시아는 크게 발전하게 되었지.

하지만 표트르 대제가 통치를 시작하면서 러시아는 달라지기 시작했어. 그는 직접 서유럽의 여러 나라를 둘러보고 그들의 기술과 제도를 받아들여 러시아를 발전시키려고 했지. 이때 표트르 대제는 자신의 신분을 숨긴 채 공장에서 기술도 배우고, 군사 훈련도 받았다고 해(하지만 방문국에선 이미 그가 누구인지 알고 있어서 언제나 특별 대우를 받았대).

1742년 한반도
영조가 성균관 앞에 탕평비를 세우다

임진왜란 즈음부터 조선의 지배층은 붕당을 나누어 정치를 이끌어갔어. 붕당이란 학문이나 정치에 뜻을 같이 하는 사람들의 집단이야(요즘의 정당이랑 비슷하다고도 볼 수 있지). 처음에는 여러 붕당의 다양한 의견이 나라를 다스리는 데 도움을 주었는데, 나중에는 붕당끼리 서로 싸우는 바람에 정치가 혼란스러워졌단다. 이걸 당파 싸움, 혹은 당쟁이라고 불러. 당쟁이 극심한 상황에서 왕위에 오른 영조는 붕당과는 상관없이 인재를 골고루 쓰는 '탕평책'을 펼쳤어. 그러면서 그 내용을 담은 탕평비를 세워서 신하들이 명심하도록 만들었지. 덕분에 정치가 안정되고 나라가 발전하게 되었단다.

러시아로 돌아온 표트르 대제는 자신이 체험한 서유럽 스타일로 나라를 개혁했어. 덕분에 러시아는 크게 발전하게 되었지. 그는 상트페테르부르크를 새로운 수도로 삼고 영토도 크게 넓혔단다. 북쪽으로는 스웨덴을 공격해서 발트해까지 진출하고, 서쪽으로는 폴란드 땅을 빼앗았어. 동쪽으로는 드넓은 시베리아를 차지하고 청나라와 국경을 확정하는 조약을 맺기도 했단다.

하지만 러시아를 비롯한 동유럽의 절대 왕정은 서유럽과는 다른 길을 걸었어. 서유럽에서는 귀족의 힘이 약해지고 시민 세력이 성장한 반면, 동유럽에서는 여전히 귀족의 힘이 막강했거든. 농민들은 마치 노예 같은 대접을 받았고 말이야. 그런 탓에 동유럽의 산업 혁명과 시민 혁명은 서유럽에 비해 늦게 시작됐단다.

051
1765년
제임스 와트가 새로운 증기기관을 만들다

증기기관이란 물을 끓여 만든 증기의 힘으로 움직이는 기관(엔진)이야. 이전까지는 사람이나 동물, 흐르는 물 같은 자연의 힘을 이용하다가, 이 무렵 처음으로 인공적인 힘으로 움직이는 기계장치를 만들어낸 거야. 증기기관 덕분에 여러 가지 산업들이 획기적으로 발전하게 되었어. 증기기관으로 기계를 움직이면 24시간 쉬지 않고 물건들을 만들어낼 수 있으니까 더 많은 석탄, 철, 옷감 등을 생산하게 된 거야.

> **증기기관 덕분에 여러 가지 산업들이 획기적으로 발전하게 되었어. 증기기관으로 기계를 움직이면 24시간 쉬지 않고 물건들을 만들어낼 수 있으니까 더 많은 석탄, 철, 옷감 등을 생산하게 된 거야.**

하지만 증기기관이 처음 만들어졌을 때는 쓰임새가 크지 않았어. 부피만 크고 힘이 별로 세지 않았거든. 물을 끓이는 연료(주로 석탄)도 너무 많이 들었고. 이걸 개선해서 작으면서도 힘이 좋은 증기기관을 만들어낸 사람이 바로 영국의 제임스 와트야. 와트의 증기기관 덕분에 영국을 시작으로 유럽의 산업이 크게 발전하게 되었단다. 이전과는 너무 달라졌기 때문에 이때부터 시작된 변화를 "산업 혁명"이라고 부를 정도야(청교도 혁명에 명예 혁명, 산업 혁명까지… 영국에는 혁명이 많기도 하군!).

산업 혁명이 영국에서 시작된 데에는 몇 가지 이유가 있어. 우선 영국에는 증기기관의 연료인 석탄이 풍부했어. 그리고 삼각무역을 통해 많은 돈을 벌어들여서 자본도 풍부했지. 명예 혁명 이후에 정치가 안정된 것도 도움이 되었어. 농업도 발달해서 적은 일손으로 더 많은 농산물을 생산하게 됐단다. 농촌에서 남아도는 일손이 공장으로 가면서 노동력도 풍부했고 말이야.

산업 혁명은 영국의 산업뿐 아니라 사회까지도 바꿔 놓았어. 지금까지는 사람들 대부분이 농사를 지었는데, 이제는 공장에서 일하는 노동자가 크게 늘어났지. 공장이 몰려 있는 도시 인구도 크게 늘어났고 말이야. 하지만 노동자들의 생활은 어려웠어. 급여가 적은 데다 일하는 환경도 형편없었으니까. 어린아이들도 푼돈을 받고 하루에 12시간씩이나 공장에서 일하는 경우가 많았단다. 공장 사장들은 큰돈을 벌었는데 말이야. 이건 영국에 이어 산업 혁명에 뛰어든 다른 나라들도 마찬가지였어.

1762년 한반도

사도세자가 뒤주에 갇혀 죽다

사도세자는 영조가 마흔이 넘어 얻은 늦둥이였어. 영조는 크게 기뻐하며 태어난 지 1년 만에 세자로 삼고 일찍부터 후계자 교육을 시켰단다. 하지만 어려서는 영특하던 세자가 클수록 기대에 못 미치자 꾸중하는 일이 잦아졌어. 나중에는 사도세자가 아버지를 만나는 걸 두려워할 정도였지. 거기다 정신병까지 생겨서 옷을 찢고 주변 사람들을 죽이기까지 했단다. 결국 영조는 사도세자를 뒤주(옛날 쌀통)에 가둬서 죽게 만들었어. 훌륭한 왕을 만들고 싶었던 영조의 욕심과, 그에 닿을 수 없었던 세자가 빚어낸 비극이었지.

052

1776년
미국이 독립을 선언하다

산업 혁명을 시작한 영국은 식민지가 많이 필요했어. 물건을 만드는 데 필요한 원료를 공급받고, 그렇게 생산한 상품을 팔 수 있는 곳이 필요했거든. 이건 영국의 뒤를 이어 산업 혁명에 뛰어든 나라들도 마찬가지였지. 유럽 국가들은 해외에서 식민지를 차지하기 위해 싸우게 되었단다. 특히 오랜 앙숙인 영국과 프랑스가 그랬어.

두 나라 중 영국이 경쟁에서 앞서 나갔어. 영국은 스페인 무적함대를 격파할 만큼 해군력이 막강했으니까. 북아메리카에서 프랑스보다 훨씬 더 넓은 식민지를 차지했고, 프랑스와 전투를 벌인 끝에 넓은 인도를 독차지할 수 있었지. 오스트리아의 왕위 계승을 둘러싸고 유럽에서 전쟁이 일어났을 때도 영국은 프랑스와 반대편에서 싸웠단다.

미국이 독립을 선언하자 유럽의 많은 나라들이 미국 편에 서서 전쟁을 지원했어. 여기에는 프랑스가 앞장을 섰고, 영국 혼자만 잘나가는 것이 마음에 안 들던 나라들도 합세했지.

하지만 이렇게 많은 전쟁에 참여하다 보니 돈도 많이 필요했어. 그래서 당시 영국의 식민지였던 미국에 더 많은 세금을 부과했지. 미국인들은 즉각 반발

1776년 한반도
사도세자의 아들 정조가 왕위에 오르다

미국이 독립을 선언한 바로 그 해, 조선에선 정조가 왕위에 올랐어. 아버지 사도세자가 비참하게 죽은 지 14년 만이었지. 정조가 왕이 되는 건 쉽지 않았어. 사도세자의 죽음에 관련이 있는 신하들이 어떻게든 정조의 즉위를 막으려고 했기 때문이야. 심지어 정조가 왕위에 오른 직후 궁궐에 자객이 숨어들기까지 했지. 하지만 할아버지 영조의 뒤를 이어 왕이 된 정조는 나라를 잘 이끌고 많은 업적을 넘겼어. 실력이 있다면 서얼(첩의 자식)이라도 신하로 뽑아 중요한 일을 맡겼지. 백성들의 목소리에도 귀를 기울였고 말이야.

했어. 자신들의 뜻과는 상관없이 영국에서 일방적으로 매긴 세금은 낼 수 없다고 주장한 거야(영국 귀족과 시민들이 국왕이 마음대로 세금을 매긴 일에 저항한 것과 비슷하군).

그래도 영국 정부가 차에 대한 세금을 매기자 화가 난 미국인들은 보스턴에 있던 동인도회사의 선박에 올라가서 찻잎이 가득 찬 상자를 바다에 던져 버렸어. '보스턴 차 사건' 이후 영국과 미국 사이의 갈등이 더욱 커지다가 마침내 전쟁이 벌어졌단다. 전쟁 중에 미국 13개 주의 각 대표들이 모여서 독립선언문을 발표했어. 1776년 7월 4일의 일이었지(그래서 미국의 독립기념일은 7월 4일이 된 거야).

미국이 독립을 선언하자 유럽의 많은 나라들이 미국 편에 서서 전쟁을 지원했어. 여기에는 프랑스가 앞장을 섰고, 영국 혼자만 잘나가는 것이 마음에 안 들던 나라들도 합세했지. 덕분에 워싱턴 장군이 이끄는 미국군은 승리할 수 있었어. 영국은 파리에서 미국의 독립을 인정하는 조약에 사인해야 했고 말이야(이런 조약을 파리에서 맺다니, 맨날 영국에 당하던 프랑스는 얼마나 고소했을까?).

1789년
프랑스 혁명이 일어나다

미국이 독립한 지 10여 년 후, 프랑스에서 혁명이 일어났어. 영국처럼 청교도나 귀족들이 아닌, 시민들이 이끈 혁명이었지. 프랑스 혁명을 계기로 신분에 따른 차별을 없애고 누구나 평등한 민주주의를 이룰 수 있었단다. 그래서 역사학자들은 프랑스 혁명이 중세 신분제 사회를 근대 시민 사회로 바꾸는 중요한 사건이었다고 이야기해.

프랑스 혁명은 미국 독립에 많은 영향을 받았어. 미국 독립 또한 (미국)시민들이 (영국)왕과 귀족에 맞선 사건이었으니까. 그래서 미국 독립 전쟁을 '미국 혁명'이라고 부르기도 해. 미국 독립도 시민 혁명이었다는 뜻이야.

**혁명은 10년 동안이나 계속됐어.
이 과정에서 루이 16세를 포함해 수많은 사람들이 목숨을 잃었지.
또한 혁명의 불똥이 튈 것을 염려한 이웃나라 국왕들이
프랑스를 공격하기도 했어.**

프랑스 혁명은 국왕 루이 16세가 삼부회를 소집한 것에서 비롯되었어. 삼부회란 프랑스의 의회야. 성직자(제1신분), 귀족(제2신분), 시민(제3신분)이 참여해서 그런 이름이 붙었지. 루이 16세가 삼부회를 소집한 이유는 세금을 더 걷기 위해서였어. 영국과 마찬가지로 프랑스도 세금을 더 걷기 위해서는 의회의 동의를 받아야 했거든. 당시 프랑스는 미국 독립 전쟁을 지원하면서 나라 살

1793년 한반도
정조가 수원 화성을 완성하다

프랑스 혁명이 한창일 무렵, 조선에선 정조가 수원 화성을 완성했어. 수원 화성은 정조의 효심이 담긴 곳이야. 아버지 사도세자의 무덤을 이곳으로 옮긴 뒤에 자주 드나들다 아예 성까지 지은 것이지. 이곳에는 효심뿐 아니라 정조의 꿈까지 담겼어. 정조는 이곳을 새로운 도시로 만들려고 했거든. 하지만 수원 화성이 다 지어진 후 정조가 갑작스럽게 죽는 바람에 꿈을 이룰 수 없게 됐어. 지금도 옛 모습을 그대로 간직하고 있는 수원 화성은 유네스코 세계유산으로 등록되었단다.

림이 어려워졌어. 왕실의 사치도 문제였고 말이야. 그런데 삼부회에 모인 성직자와 귀족, 시민 사이에 다툼이 생겼어. 이때까지 삼부회에서는 신분별로 투표를 했는데, 이번에는 시민 대표들이 사람 수대로 투표를 해야 한다고 주장한 거야. 신분별로 투표를 하면 언제나 성직자와 귀족이 한 편이 되곤 했거든. 사실 성직자와 귀족은 이것 말고도 여러 가지 특권을 누리고 있었어. 시민들은 이런 특권을 없애고 싶어 했지. 하지만 결국 늘 그랬듯이 신분별 투표로 결정되자 시민들이 들고일어났어. 국왕이 이들을 탄압하자 바스티유 감옥을 부숴버렸단다. 드디어 혁명이 일어난 거야.

이렇게 시작한 혁명은 10년 동안이나 계속됐어. 이 과정에서 루이 16세를 포함해 수많은 사람들이 목숨을 잃었지. 또한 혁명의 불똥이 튈 것을 염려한 이웃나라 국왕들이 프랑스를 공격하기도 했어. 이때 나폴레옹이 등장해서 전쟁을 승리로 이끌었고, 스스로 황제가 되기도 했어. 하지만 시민들은 나폴레옹과 그 뒤를 이은 왕들까지 쫓아내고, 평등한 시민들이 스스로를 다스리는 민주 공화국을 이루었단다. 결국 혁명이 성공한 거야.

1810년
라틴 아메리카의 독립 투쟁이 시작되다

이웃나라들의 침략을 막아낸 나폴레옹은 한걸음 더 나아가 유럽 여러 나라를 공격하기 시작했어. 뛰어난 군사 지휘관이었던 나폴레옹의 공격을 받은 이웃 나라들은 속수무책으로 당했지. 그는 오스트리아와 러시아를 격파하고 스페인, 포르투갈 등을 무릎꿇게 했단다. 나폴레옹은 그러면서 프랑스 혁명의 정신을 다른 나라에 전했어. 신분을 뛰어넘는 자유와 평등, 인권을 전파한 거야. 나폴레옹 전쟁은 대서양 건너 아메리카 대륙에도 영향을 미쳤어. 스페인과 포르투갈이 나폴레옹의 공격에 정신이 없는 틈을 타서 여러 식민지들이 독립 투쟁을 벌인 거야. 이들은 주로 미국 남쪽의 라틴 아메리카 지역에 몰려 있었어.

 **라틴 아메리카의 독립을 이끈 세력은 크리오요들이었어. 크리오요란 아메리카에서 태어난 백인을 가리키는데, 이들은 식민지 지배층이었단다.**

1810년 멕시코에서는 이달고 신부가 이끄는 농민과 원주민이 스페인 지배에 반기를 들었고, 카라카스(현재 베네수엘라의 수도)에선 시민들이 봉기해 스페인 군대를 내쫓았지. 같은 해 아르헨티나에서도 시민들이 스페인 통치자를 몰아냈고, 칠레는 독립을 선언했어. 마치 약속이라도 한 듯이 라틴 아메리카 곳곳에서 거의 동시에 독립 투쟁이 시작된 거야.

라틴 아메리카의 독립을 이끈 세력은 크리오요들이었어. 크리오요란 아메리카에서 태어난 백인을 가리키는데, 이들은 식민지 지배층이었단다. 그 아래로는 백인과 원주민의 혼혈인 메스티소와 원주민들이 하층민을 이루고 있었지. 처음 크리오요들은 스페인이나 포르투갈 같은 식민지 본국 편에서 하층민 반란을 진압하는 입장이었는데, 나폴레옹 전쟁으로 본국이 혼란스러워지자 독립 투쟁을 이끌게 되었어. 여기에 원래부터 스페인 지배자들에 대항해 반란을 일으키곤 했던 메스티소와 원주민들이 합세하면서 독립은 현실이 되기 시작한 거야.

1819년 콜롬비아를 시작으로 2년 후에는 베네수엘라가 독립했고, 이듬해에는 멕시코와 브라질이 독립을 이루었어. 결국 1820년대에 이르러 라틴 아메리카 대부분의 나라가 독립하게 되었지. 하지만 독립 이후에도 크리오요와 메스티소, 원주민 사이의 불평등은 사라지지 않았어. 그런 탓에 많은 나라들이 독립 이후에도 혼란을 겪게 되었단다.

1811년 한반도
홍경래의 난이 일어나다

정조의 갑작스러운 죽음 이후 조선은 혼란 속으로 빠져들었어. 특히 한두 가문이 권력을 독차지하는 세도 정치가 시작되면서 백성들은 고통을 겪었지. 그중에서도 평안도를 비롯한 서북 지역 주민들의 고통은 더욱 심했단다. 이곳 주민들은 지역 차별을 당했거든. 다른 지역보다 세금은 더 내는데, 과거에 합격하기는 어려웠지. 게다가 기근까지 닥치자 홍경래가 서북 지역 사람들을 모아서 반란을 일으킨 거야. 처음에 반란군은 정주성을 차지할 정도로 기세를 올렸지만 결국 4개월 만에 진압되고 말았어. 홍경래의 난 이후 여러 지역에서 크고 작은 반란이 꼬리를 물고 일어났단다.

1840년
중국이 아편 전쟁에서 패배하다

아편은 양귀비 꽃으로 만든 마약이야. 아주 오랜 옛날부터 진통제로 쓰였는데, 마약으로도 쓰이게 되자 여러 나라에서는 사용을 금지했지. 그런데 영국은 중국 청나라에 아편을 팔았어. 그것도 아주 대량으로 말이야. 여기에는 이유가 있어. 영국은 아편 말고 중국에 팔 만한 물건이 없었거든. 하지만 중국 상품, 특히 영국인들이 커피보다 훨씬 더 좋아하는 중국 차는 영국으로 쏟아져 들어왔어. 그런 탓에 영국은 차 값을 치르느라 나라 살림이 어려워질 지경이었지. 그래서 나쁜 일인 줄 뻔히 알면서도 중국에 아편을 팔기 시작한 거야.

 **전쟁은 영국의 압도적인 승리로 끝났어.
산업 혁명을 거치면서 유럽의 군사력이 아시아와는
비교가 안 될 만큼 강해졌다는 사실이 입증되는 순간이었지.**

이걸 중국이 가만 보고 있을 리가 없잖아? 아편은 중국에서도 금지된 약물이었으니까 말이야. 청나라는 영국의 아편 수출에 강력하게 대응했어. 청나

라 관리 임칙서가 영국 배에 올라 아편 2만여 상자를 몰수하고 영국인들을 추방해 버린 거야. 정상적인 국가라면 당연한 일이라고 볼 수 있지.

그런데 영국은 청나라가 '무역의 자유'를 침해하고 영국 재산을 함부로 훼손했다면서 강력하게 항의했어("방귀 뀐 놈이 성낸다"라는 속담이 생각나는군). 그러고는 전쟁까지 일으켰단다(이건 정말 너무한 것 같아). 전쟁은 영국의 압도적인 승리로 끝났어. 산업 혁명을 거치면서 유럽의 군사력이 아시아와는 비교가 안 될 만큼 강해졌다는 사실이 입증되는 순간이었지. 전쟁에 진 청나라는 막대한 배상금을 물고 광저우 등 5개의 항구를 개방했으며 홍콩을 영국에 넘겨줘야 했단다.

하지만 이게 끝이 아니었어. 청나라의 군사력이 별 볼 일 없다는 걸 알게 된 유럽 국가들이 너도나도 청나라를 공격했거든. 거기다 청나라 내부에선 '태평천국의 난'이라는 큰 반란이 일어나서 서양 세력에 제대로 대응할 수도 없었지.

아편 전쟁을 겪은 중국에선 서양의 과학기술을 배워야 한다는 움직임이 일어났어. 특히 서양의 무기를 들여오고 군대를 서양식으로 바꾸었지. 하지만 황제를 비롯한 중국의 지배층이 별로 변하지 않았기 때문에 이런 노력은 큰 성과를 거두지 못했어.

1832년 한반도
영국 암허스트호가 무역을 요구하다

전 세계의 바다를 누비던 영국인들은 조선에도 찾아왔어. 영국 동인도회사 소속 암허스트호가 충청도 항구에 들어와서 조선과의 무역을 요구한 거야. 하지만 조선 정부는 거절했고, 며칠 더 머물던 암허스트호는 물러갔단다. 이전부터 조선에는 서양 배들이 나타나곤 했어. 이들은 해안선을 조사하거나 무역을 요구하기도 했지. 조선에선 이러한 배들을 '이양선(모양이 다른 배)'이라고 불렀어. 시간이 지날수록 이양선의 숫자가 늘자 조선도 서양 오랑캐들에 대한 위기의식이 높아졌어. 거기다 아편 전쟁 소식을 접하면서 외국 세력을 더욱 경계하게 되었단다.

056
1854년
일본이 미국에 나라 문을 열다

중국이 아편 전쟁으로 나라 문을 활짝 열자, 일본도 나라 문을 열라는 압력을 받게 되었어. 당시 일본을 다스리고 있던 에도 막부는 나라 문을 꽁꽁 닫아거는 '쇄국 정책'을 펴고 있었거든(이건 조선도 마찬가지였지). 하지만 일본이 나라 문을 완전히 닫은 건 아니었어. 오래전부터 네덜란드와는 제한적으로 교류를 하고 있었지. 교류는 하되 머물 곳을 딱 정해주고 그 바깥으로는 나오지 못하게 한 거야.

**아편 전쟁 소식을 듣고 서양 군대의 힘을 이미 알았던 일본은
고민 끝에 미국과 조약을 맺고 나라 문을 열었단다.
곧이어 영국, 러시아, 네덜란드와도 같은 조약을 맺었고 말이야.**

원래 일본이 처음 교류를 시작한 서양 국가는 포르투갈이었어. 임진왜란 때 효과를 톡톡히 본 조총을 일본에 전해준 것도 포르투갈 사람들이었지. 그런데 에도 막부가 천주교를 금지하면서 포르투갈과 교류를 끊게 됐어. 포르투갈 사람들은 일본에 천주교를 전하고 싶어 했거든. 대신 신교 국가였던 네덜란드는 일본인들에게 종교를 전하지 않는다는 조건을 받아들이고 일본과

교류를 하게 되었단다. 일본은 네덜란드를 통해서 서양 물건뿐 아니라 과학과 기술도 받아들였어. 네덜란드어로 된 과학 책들을 번역하고 네덜란드 의사에게서 서양 의술을 배우고 네덜란드 군인한테는 서양식 군사교육도 받았지. 물론 나라를 바꿀 만큼 충분하진 않았지만 말이야.

1860년 한반도
최제우가 동학을 창시하다

동학은 우리나라에서 생겨난 고유 종교야. 서양 천주교에 맞서는 종교로 만들어졌지. 당시 조선에서 천주교를 '서학'이라고 불렀기 때문에 우리 고유 종교에는 '동학'이란 이름을 붙인 거란다. 동학을 창시한 최제우는 10년 동안 전국을 떠돌면서 백성들의 어려움을 보고, 그들을 구원하기 위해 새 종교를 만들었어. 당시 조선은 세도 정치와 이양선의 출몰 등으로 혼란스러웠지. 동학은 한울님(하느님) 앞에서 모두가 평등하다고 가르쳤어. 백성들이 잘 사는 새 세상이 올 거라고도 약속했지. 덕분에 동학은 살기 힘들었던 농민들을 중심으로 빠르게 퍼져 나갔단다.

이렇게 제한적으로 서양과 교류하던 일본 앞에 어느 날 처음 보는 서양 전함들이 나타났어. 미국 페리 제독이 이끄는 검은 군함 4척이 에도 앞바다에 등장한 거야. 이 중 두 척은 일본인이 처음 보는 증기선이었어. 페리 제독은 일본이 나라 문을 열고 미국과 무역할 것을 요구했어. 아편 전쟁 소식을 듣고 서양 군대의 힘을 이미 알았던 일본은 고민 끝에 미국과 조약을 맺고 나라 문을 열었단다. 곧이어 영국, 러시아, 네덜란드와도 같은 조약을 맺었고 말이야.

나라 문을 연 일본은 서양의 과학기술을 배우려고 노력했어. 미국과 유럽에 외교 사절을 보내서 서양의 문물을 배워왔지. 덕분에 얼마 지나지 않아 서양식 증기선을 만들고 군대도 서양식으로 바꿀 수 있었어. 더 나아가 일본은 국가 전체를 서양식으로 바꾸는 일을 시작하게 되었단다(남의 나라를 침략하는 것까지도 말이지). 여기에는 막부뿐만 아니라 지방의 번들도 앞장을 섰어.

057
1857년
인도의 세포이들이 영국에 대항하다

일본이 미국에 나라 문을 열 무렵, 인도의 대부분은 영국이 차지하고 있었어. 영국은 특이하게도 자신이 차지한 지역을 동인도회사를 통해 다스렸단다. 물론 동인도회사는 군대까지 갖추고 있어서 웬만한 국가와 다를 바 없었지만 말이야.

그런데 동인도회사의 군대는 대부분 인도인 용병(돈을 받고 싸우는 병사)으로 이루어져 있었어. '세포이'라고 불리는 인도인 용병들은 영국이 인도 안의 여러 나라들과 전쟁을 벌일 때 영국을 위해 싸웠지. 어떻게 그럴 수가 있느냐고? 인도인들은 서로 같은 나라 사람이라고 생각하지 않았거든.

실제로 이 무렵 인도는 수십 개의 나라로 나뉘어 있었어. 한때 강성했던 무굴 제국도 그런 나라들 중 하나에 불과했지. 사실 무굴 제국도 엄밀히 말하면 외부 침략자가 세운 나라라고 할 수 있잖아? 무굴 제국을 세운 바부르는 중앙아시아의 티무르 제국 출신이니 말이야. 인도인들 입장에선 무굴 제국이나 영국이나 별 차이가 없었던 거야.

하지만 영국의 지배가 본격화되자 인도인들의 불만이 커져갔어. 영국은 인도의 원료를 싼값에 사가서 물건을 만든 후 다시 인도에 비싸게 팔았거든. 당연히 인도 사람들의 생활은 어려워졌지. 게다가 영국인들은 인도의 종교와 문화, 사람까지 무시하고 차별했어. 이런 불만이 차곡차곡 쌓여가다 결

1861년 한반도

김정호가 〈대동여지도〉를 만들다

김정호가 만든 〈대동여지도〉는 조선을 대표하는 지도야. 지금의 지도와 비교해도 손색이 없을 정도로 정확한 정보를 담았지. 김정호는 〈대동여지도〉를 책처럼 만들어서 사람들이 가지고 다니면서 손쉽게 이용할 수 있도록 했어. 그가 이렇게 정확한 지도를 만들 수 있었던 것은 조선의 지도 제작 기술이 발달해 있었기 때문이야. 조선은 건국 초기부터 정확한 지도를 만들기 위해 노력했고, 이렇게 만들어진 지도를 토대로 김정호가 〈대동여지도〉를 완성했던 거란다. 물론 김정호 본인의 재능과 노력도 큰 역할을 했지만 말이야.

국 세포이의 반란으로 폭발한 거야.

종교적인 이유에서 시작한 세포이 반란은 전국에 퍼지면서 영국에 대한 항쟁으로 발전했어. 살기 어려운 농민들이 반란에 가담해서 영국에 대항했거든. 영국군은 세포이 항쟁을 무자비하게 진압했고, 이후 동인도회사를 없애고 인도를 직접 다스리기 시작했단다. 덕분에 이름뿐이던 무굴 제국도 최후를 맞게 되었어.

> **종교적인 이유에서 시작한 세포이 반란은 전국에 퍼지면서 영국에 대한 항쟁으로 발전했어. 살기 어려운 농민들이 반란에 가담해서 영국에 대항했거든.**

영국은 인도뿐 아니라 아시아와 아프리카 여러 나라를 식민지로 삼았어. 프랑스와 다른 유럽 나라들도 마찬가지였지. 그런 탓에 아프리카와 아시아 대부분이 유럽의 식민지가 되고 말았어. 이렇게 군대와 경제를 앞세워 적극적으로 다른 나라를 식민지로 지배하는 걸 '제국주의'라고 불러. 이제 유럽의 제국주의가 세계를 지배하게 된 거야.

058
1861년
미국에서 남북 전쟁이 벌어지다

독립에 성공한 미국은 발전에 발전을 거듭했어. 우선 영토가 몇 배나 넓어졌지. 처음 독립을 선언한 13개 주는 동부 지역에 몰려 있었는데, 점차 영토를 넓혀서 나중엔 서부 지역까지 몽땅 차지했거든. 이 과정에서 다른 유럽 나라들이 갖고 있던 땅은 사들이고(프랑스로부터 루이지애나를 사들인 것이 대표적이지), 원주민들이 살던 땅은 강제로 빼앗았어(이런 일은 너무 많아서 일일이 셀 수도 없을 정도야).

처음엔 남부와 북부 모두 사이좋게 발전했지만, 시간이 지날수록 둘 사이의 갈등이 심해졌어. 남부와 북부의 이해관계가 달랐기 때문이야.

이렇게 넓어진 영토에는 유럽에서 새로 이민 온 사람들이 정착했어. 당시 미국은 유럽인에게 기회의 땅이었지. 특히 서부로 가면 넓은 땅을 거의 공짜로 받을 수 있으니 엄청 많은 사람들이 몰려들었어. 그러던 중에 서부 끝 캘리포니아에서 엄청난 금광이 발견되면서 더 많은 사람들이 몰려왔단다. 독립하고 70년 만에 인구가 8배로 늘었다니 말 다 했지.

영국에서 시작한 산업 혁명의 물결이 미국까지 들어오면서 산업도 발전했어. 공업은 북부 지역에서 집중적으로 이루어졌지. 넓은 농장이 있던 남부에

1863년 한반도
흥선 대원군이 권력을 잡다

미국의 남북 전쟁이 시작되고 2년 뒤, 조선에선 고종이 즉위했어. 이때 고종의 나이가 겨우 11살이라 왕실의 어른이었던 신정왕후가 수렴청정을 했는데, 실제로는 고종의 친아버지인 흥선 대원군이 권력을 잡았단다. 그는 세도 정치로 어지러워진 나라를 바로잡았어. 왕실의 권위를 세우고자 경복궁도 크게 다시 지었지. 백성들의 어려움을 덜고자 세금 제도도 고치고, 당시 지역 사회에서 문제를 일으키던 서원을 일부만 남기고 없애 버렸어. 하지만 경복궁을 다시 짓는 데 너무 많은 돈과 노동력이 들면서 백성들이 고통을 겪었단다.

서는 목화 등을 재배하는 농업이 발전했고 말이야. 북부의 공장에서는 주로 유럽에서 이민 온 노동자들이 일했고, 남부 농장에선 아프리카에서 잡아 온 노예들에게 강제로 노동을 시켰어.

처음엔 남부와 북부 모두 사이좋게 발전했지만, 시간이 지날수록 둘 사이의 갈등이 심해졌어. 남부와 북부의 이해관계가 달랐기 때문이야. 예를 들어 수출입 상품에 매기는 관세가 그랬어. 목화를 수출해야 하는 남부는 관세가 낮을수록 좋았고, 유럽의 공업 제품 수입을 막기 원했던 북부는 그 반대가 좋았거든. 노예 문제도 마찬가지야. 공장이 많은 북부는 노예 대신 노동자가 필요했지만, 농장이 대부분인 남부는 그 반대였지.

둘의 갈등은 점점 커지다 마침내 노예제 폐지론자인 링컨이 대통령에 당선되면서 폭발했어. 7개의 남부 주들이 모여 독립을 선언한 거야. 결국 남부와 북부는 전쟁을 벌였고(그래서 이걸 '남북 전쟁'이라고 불러), 4년 만에 북부의 승리로 끝났어. 남북 전쟁으로 통합을 이룬 미국은 더욱 발전해 세계 최고의 강대국이 되었단다.

059
1868년
일본에서 메이지 유신이 일어나다

미국에서 남북 전쟁이 벌어질 무렵, 일본은 혼란 속으로 빠져들었어. 서양에서 물건이 쏟아져 들어오고 그 대가로 금이 빠져나가면서 물가가 치솟았거든. 그런 탓에 서민과 하급 무사들의 생활이 어려워졌지. 가뜩이나 막부가 서양 오랑캐에 굴복했다며 불만이 높았던 하급 무사들은 막부를 무너뜨리고 천황을 중심으로 똘똘 뭉쳐야 한다고 주장했어.

여기에 서양 문물을 받아들여 막부 못지않게 힘을 키운 지방 번들이 힘을 합쳐 막부 타도를 이끌었어. 결국 에도 막부가 무너지고 메이지 천황이 권력을 잡았단다(이걸 '메이지 유신'이라고 불러). 가마쿠라 막부 이후 700년 가까이 지속되던 무사 정권이 종말을 고하는 순간이었지. 물론 에도 막부도 가만히 앉아서 당하진 않았어. 막부파와 천황파 사이에 치열한 전쟁이 있었고, 결국은 천황파가 승리해서 권력을 잡은 거야.

서양 문물을 받아들여 막부 못지않게 힘을 키운 지방 번들이 힘을 합쳐 막부 타도를 이끌었어. 결국 에도 막부가 무너지고 메이지 천황이 권력을 잡았단다(이걸 '메이지 유신'이라고 불러).

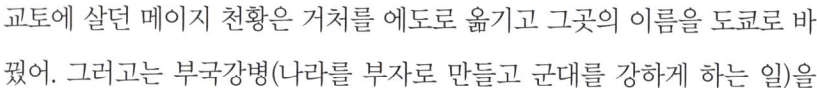

교토에 살던 메이지 천황은 거처를 에도로 옮기고 그곳의 이름을 도쿄로 바꿨어. 그러고는 부국강병(나라를 부자로 만들고 군대를 강하게 하는 일)을

1866년 한반도

프랑스군이 강화도를 공격하다

서양 세력은 일본뿐 아니라 조선의 문도 열라고 요구했어. 1866년에는 프랑스가, 5년 뒤에는 미국이 통상(무역)을 요구하며 조선을 공격한 거야. 하지만 조선은 일본과 달리 이들과 맞서 싸웠어. 다행히 프랑스와 미국 모두 얼마 지나지 않아 물러갔단다(사실 이들은 조선과의 통상에 아주 적극적이진 않았거든). 그러자 흥선 대원군은 전국에 "서양 오랑캐와 가까이 지내자고 주장하는 것은 나라를 팔아먹는 것이다"라는 내용을 담은 비석(척화비)을 세우게 했어. 일본이 서양 문물을 적극적으로 받아들일 무렵, 조선은 여전히 나라 문을 굳게 닫고 있었던 거야.

목표로 삼고 서양 문물을 적극적으로 받아들였지. 학교를 서양식으로 바꾸고 관리와 유학생들을 서양으로 보내서 기술과 제도를 배워오도록 했단다(여기에는 훗날 안중근 의사가 처단한 이토 히로부미도 끼어 있었어).

메이지 정부는 무사와 농민, 상인, 천민 등으로 나뉘어 있던 신분제를 폐지했어. 군대 또한 서양식으로 바꾸고 철도와 은행, 공장도 만들었지. 이렇게 나라를 송두리째 바꾸기 위해서는 중앙 정부의 힘이 강력해야 했어. 그래서 메이지 정부는 다이묘가 대대로 다스리던 지방의 번을 없애고, 대신 중앙에서 관리를 파견하는 현을 만들었단다(이건 우리로 치면 '도'에 해당해).

메이지 정부의 적극적인 서양화 정책 덕분에 일본의 산업이 발전하고 나라 힘도 커졌어. 그러자 이웃 나라들을 공격하기 시작했지. 마치 유럽 제국주의 국가들이 그랬던 것처럼 말이야. 불행히도 공격의 화살은 제일 먼저 조선으로 향했단다.

메이지 천황

060
1868년
'태국의 세종대왕' 라마 5세가 왕위에 오르다

일본에서 메이지 유신이 일어나던 해, 태국에선 라마 5세가 왕위에 올랐어. 당시 태국의 이름은 시암이었어. 시암은 지금의 태국뿐 아니라 라오스와 캄보디아, 그리고 미얀마와 말레이시아 일부까지 차지한 동남아시아의 강국이었지. 하지만 유럽 세력이 동남아시아를 식민지로 만들기 시작하면서 시암도 위기에 빠졌어.

이런 상황에서 왕위에 오른 라마 5세는 시암을 서양식 국가로 만들기 위해 노력했어. 마치 같은 해 권력을 차지한 메이지 천황처럼 말이지. 이는 아버지인 라마 4세 때부터 추진한 일이기도 했어. 아버지 덕분에 라마 5세는 어릴 때부터 유럽 선교사들에게 교육을 받았단다. 왕이 된 후에는 여러 제도를 서양식으로 바꾸고, 철도를 들여오고, 도로와 운하를 건설하고, 군대와 병원 또한 서양식으로 바꾸었어. 그리고 그때까지 남아있던 노예 제도와 신분제를 없애서 나라를 새롭게 만들었지. 이런 업적 덕분에 라마 5세는 태국 역사상 가장 위대한 왕으로 손꼽힌단다(우리로 치면 세종대왕쯤 되는 셈이야).

무엇보다 라마 5세의 가장 큰 업적은 태국이 식민지가 되는 걸 막은 거야. 동남아시아를 차근차근 먹어 들어오던 영국과 프랑스 사이에서 '줄타기 외교'를 잘 한 덕분이지(이걸 태국에선 '대나무 외교'라고 부른대). 결국 영국과 프랑스가 만나서 태국을 충돌을 피하기 위한 완충 지대로 남겨놓기로 합의했어. 그래서 태국은 동남아시아의 유일한 독립국으로 남을 수 있었단다.

하지만 태국의 독립은 공짜가 아니었어. 영국에는 당시 태국이 차지하고 있던 미얀마와 말레이시아 일부 영토를 떼어줘야 했고, 프랑스에는 태국이 지배하던 라오스와 캄보디아를 넘겨야 했지. 이로써 영국은 미얀마와 말레이시아를, 프랑스는 베트남, 라오스, 캄보디아를 차지하게 되었어. 이밖에도 네덜란드는 인도네시아, 미국은 필리핀을 식민지로 삼았지. 원래 필리핀은 스페인의 식민지였는데, 미국으로 주인이 바뀐 거야. 남북 전쟁 이후 강대국이 된 미국은 이렇게 해외 식민지를 차지하게 되었단다. 이로써 태국을 제외한 동남아시아 전체가 유럽과 미국의 식민지가 되어 버렸어.

1868년 한반도
독일인 오페르트가 남연군 묘를 파헤치다

남연군은 흥선 대원군의 아버지야. 그런데 홍콩에서 장사를 하던 독일인 오페르트가 조선으로 와서 남연군의 묘를 파헤쳤단다. 그는 조선이 나라 문을 열지 않는 이유가 흥선 대원군 때문이라고 생각했어. 그래서 남연군 묘를 파헤쳐서 유골을 훔친 뒤에 흥선 대원군을 협박할 계획이었지. 유골을 찾기를 원한다면 나라 문을 열라고 말이야. 하지만 결과는 정반대가 되었어. 도굴은 실패했고, 그 소식을 들은 흥선 대원군은 이렇게 야만적인 서양 오랑캐들에게 절대로 나라 문을 열지 않겠다고 결심했으니까 말이야.

> 라마 5세는 태국 역사상 가장 위대한 왕으로 손꼽힌단다(우리로 치면 세종대왕쯤 되는 셈이야). 무엇보다 라마 5세의 가장 큰 업적은 태국이 식민지가 되는 걸 막은 거야.

061
1871년
비스마르크, 독일 통일을 이루다

일본에서 메이지 유신이 일어날 무렵, 독일에서도 새로운 변화가 일어나고 있었어. 30년 전쟁 이후 수십 개의 나라로 쪼개져 있던 독일에 통일의 바람이 불기 시작한 거야. 여기에는 나폴레옹의 독일 침략이 한몫을 했어. 프랑스군이 독일 전역을 공격하자, 독일인들 사이에서 "우리는 같은 언어를 쓰는 하나의 민족"이란 민족의식이 싹튼 거야. 자고로 민족의식은 다른 나라의 침략을 받을 때 생겨나는 법이거든(우리도 고려 때 거란과 몽골의 침략을 받자 민족의식이 강해졌지).

> 여기에는 프로이센의 재상(가장 높은 관리)이었던 비스마르크의 역할이 컸어. 그는 프로이센의 산업을 발전시키고 강력한 군대를 만들었거든.

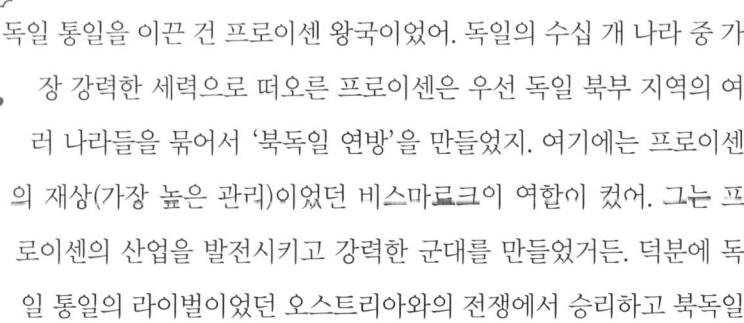

독일 통일을 이끈 건 프로이센 왕국이었어. 독일의 수십 개 나라 중 가장 강력한 세력으로 떠오른 프로이센은 우선 독일 북부 지역의 여러 나라들을 묶어서 '북독일 연방'을 만들었지. 여기에는 프로이센의 재상(가장 높은 관리)이었던 비스마르크의 역할이 컸어. 그는 프로이센의 산업을 발전시키고 강력한 군대를 만들었거든. 덕분에 독일 통일의 라이벌이었던 오스트리아와의 전쟁에서 승리하고 북독일

1876년 한반도

조선이 일본에 나라 문을 열다

미국의 위협에 나라 문을 연 일본은 똑같은 방식으로 조선을 위협했어. 군함을 이끌고 조선에 와서 조약 체결을 요구한 거야. 한 해 전에는 일본 군함이 강화도를 공격한 일도 있었지. 조선은 일본의 요구를 받아들여서 나라 문을 열었어. 프랑스와 미국이 그런 요구를 했을 때는 끝까지 싸웠는데 말이야. 여기에는 고종의 의지가 크게 작용했어. 고종은 몇 해 전부터 나라를 직접 다스리고 있었거든. 그는 아버지 흥선 대원군과는 달리, 이제는 조선도 나라 문을 열고 서양 문물을 받아들여야 한다고 생각했어. 그래서 일본의 요구에 응한 거란다.

연방을 만들 수 있었던 거야.

북독일 연방이 탄생하자 이번엔 이웃나라 프랑스가 위협을 느꼈어. 독일이 분열되어 있을 때는 자기 마음대로 요리하기 좋았는데(나폴레옹이 그랬던 것처럼 말이지), 독일이 하나로 통일되어 강력한 나라가 된다면 꽤나 위협적일 테니 말이야(독일 입장에선 나폴레옹의 침략에 대한 복수가 되겠지). 마침 스페인 왕위 계승을 둘러싸고 프로이센과 프랑스가 대립했고, 프랑스가 먼저 선전포고를 했지. 하지만 전쟁 결과는 프로이센의 압도적인 승리였어. 프랑스의 우려가 단박에 현실이 된 셈이야.

전쟁을 지켜본 독일 남부 국가들도 프로이센에 합류했어. 드디어 프로이센이 독일 통일을 이루게 된 거야. 프로이센의 빌헬름 1세는 프랑스 베르사유 궁전에서 독일 제국을 선포하고 황제가 되었어. 프로이센과 프랑스의 전쟁 결과 탄생하게 된 독일 제국은 영국, 프랑스의 뒤를 이어 유럽을 대표하는 강대국이 되었단다.

1879년
에디슨이 전구를 발명하다

사실 에디슨이 처음 전구를 발명한 건 아냐. 전기로 불을 밝히는 전구는 이미 19세기 초반부터 여러 종류가 개발되어 있었거든. 하지만 이것들은 수명이 짧거나 설치가 복잡해서 쉽게 쓸 수가 없었단다. 에디슨은 전구 안에 빛을 내는 필라멘트를 탄소로 만들어서 오래가는 전구를 만들었지. 하지만 이건 원래 다른 발명가의 아이디어였대. 에디슨은 그걸 조금 더 낫게 만들었다고 해.

에디슨의 진짜 뛰어난 업적은 전기를 만들어내는 발전기, 그리고 전기를 흘러 보내는 방법까지 함께 개발했다는 사실이야. 덕분에 어디서나 전구를 쉽게 설치할 수 있게 되었지.

에디슨의 진짜 뛰어난 업적은 전기를 만들어내는 발전기, 그리고 전기를 흘러 보내는 방법까지 함께 개발했다는 사실이야. 덕분에 어디서나 전구를 쉽게 설치할 수 있게 되었지. 그는 아예 전기조명회사를 만들어서 본격적인 전구 사업에 뛰어들었단다(이때 만든 회사가 지금까지도 유명한 전기 회사인 '제너럴 일렉트릭'이야). 에디슨은 전구를 발명한 다음 해에 증기선 컬럼비아호에 115개의 전구를 설치한 것을 시작으로 2년 동안 150여 곳에 전구를 설치했어. 배와 공장, 일반 가정에까지 에디슨의 전구가 사용되면서 사람들

1887년 한반도

경복궁이 에디슨의 전구로 환해지다

에디슨이 전구를 발명한 지 8년 만에 조선의 경복궁에도 그의 전구가 설치되었어. 고종이 직접 에디슨의 회사로 편지를 보내서 설치를 요청한 거였지. 고종은 새로운 서양 문물을 들여오는데 앞장섰거든. 에디슨도 자신의 전구가 조선으로 수출된다는 사실에 크게 기뻐했어. 아시아로의 첫 수출인 만큼 최고의 설비와 기술자를 보냈다는구나. 하지만 경복궁에 불을 밝힌 전구는 툭하면 꺼진다고 해서 '건달불'이라고 불렀단다(건달이란 하는 일 없이 빈둥거리는 사람을 가리키는 말이야).

의 생활이 바뀌게 됐지. 이제는 밤에도 일을 하거나 여가를 즐길 수 있게 된 거야.

이 시기에는 에디슨의 전구뿐 아니라 다양한 발명품들이 나오면서 인류의 역사를 바꿔놓았어. 에디슨의 전구가 발명된 시기보다 3년 앞서 미국의 벨은 전화기를 만들었지. 최근에 이탈리아의 무치가 벨보다 일찍 전화기를 만들었다는 사실이 밝혀졌지만, 특허를 받고 에디슨처럼 사업적으로 성공시킨 건 벨이야.

미국의 라이트 형제는 최초의 비행기를 만들었고, 독일의 벤츠는 자동차를 만들었어(지금도 유명한 자동차 회사 '벤츠'는 그의 이름을 딴 거야). 전화기와 비행기, 자동차 모두 인류의 생활을 크게 바꿔 놓았어. 이런 발명품들이 쏟아져 나온 것은 과학 혁명과 산업 혁명으로 과학기술이 발전했기 때문이야. 또한 이런 발명품들 덕분에 산업은 더욱 발전하게 되었단다.

에디슨

1
400만 년 전~1000년

2
1001년~1600년

1601년~1900년

1900년~현재

1900년~현재

 **세계사**

1912년 — 청나라가 멸망하고 중화민국이 세워지다

1913년 — 헨리 포드가 컨베이어 벨트로 자동차를 생산하다

1914년 — 제1차 세계대전이 일어나다

1917년 — 러시아에서 사회주의 혁명이 일어나다

1918년 — 스페인 독감이 전 세계를 휩쓸다

1923년 — 오스만 제국이 무너지고 터키 공화국이 들어서다

 **한국사**

1910년 — 대한제국이 일본의 식민지가 되다

1915년 — 경복궁에서 '조선물산공진회'가 열리다

1918년 — 전국에 '무오년 독감'이 유행하다

1919년 — 3.1운동이 일어나다

1920년 — 봉오동과 청산리에서 일본군을 크게 무찌르다

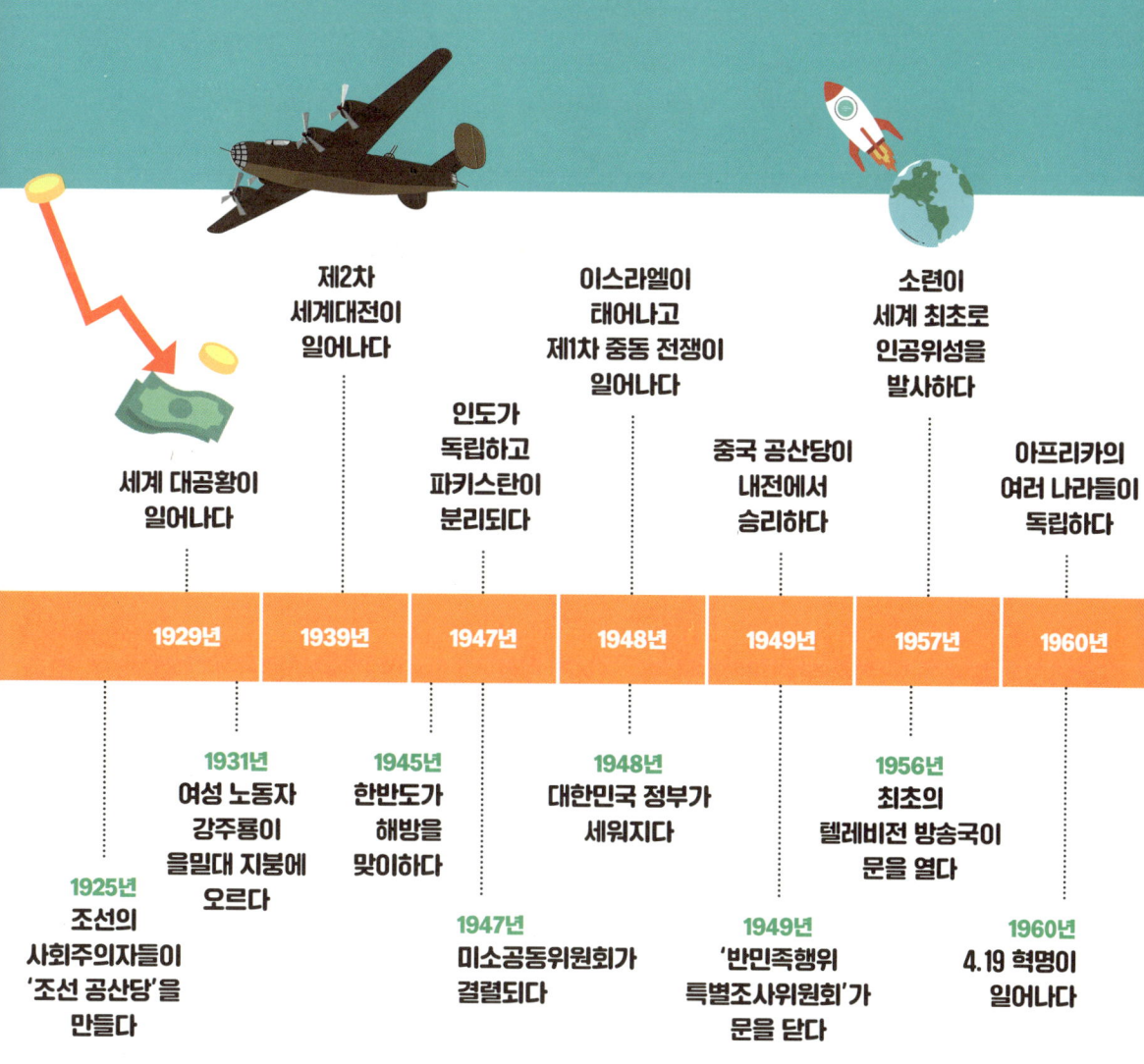

쿠바에서 '제3차 세계대전'이 일어날 뻔하다	미국이 베트남 전쟁에 뛰어들다	도쿄 올림픽이 열리다	'오일 쇼크'가 전 세계를 강타하다		중국이 '개혁개방'을 시작하다	'철의 여인' 대처, 영국 총리가 되다	소련 체르노빌에서 인류 최악의 원자력 사고가 일어나다
1962년	**1964년**	**1964년**	**1973년**	**1978년**	**1979년**	**1986년**

- **1961년** 5.16 쿠데타가 일어나다
- **1964년** 베트남 전쟁에 군대를 보내다
- **1965년** 일본과 외교 관계를 맺다
- **1972년** 남과 북이 평화 통일 원칙에 합의하다
- **1976년** 처음으로 자동차를 수출하다
- **1979년** 박정희 대통령이 암살당하다
- **1987년** 6월 민주 항쟁이 일어나다

1900년~현재

기후 위기 해결을 위해 '지구 정상 회의'가 열리다

미국에서 9.11 테러가 벌어지다

이세돌 9단과 알파고가 바둑 대결을 벌이다

코로나19가 전 세계를 휩쓸다

베를린 장벽이 무너지다

아시아에서 금융 위기가 일어나다

아이폰이 스마트폰의 역사를 새로 쓰다

미국과 중국이 무역 전쟁을 벌이다

| 1989년 | 1992년 | 1997년 | 2001년 | 2007년 | 2016년 | 2018년 | 2020년 |

1991년 남북한이 함께 유엔에 가입하다

1997년 대한민국이 파산할 뻔하다

2006년 북한이 첫 핵실험을 벌이다

2017년 박근혜 대통령이 탄핵되다

2023년 코로나19 방역 완화와 일상 회복을 선언하다

1992년 대한민국이 중국과 수교를 맺다

2000년 첫 남북정상회담이 열리다

2018년 BTS가 한류의 역사를 새로 쓰다

1912년
청나라가 멸망하고 중화민국이 세워지다

아편 전쟁의 패배로 힘이 빠진 청나라에선 반란이 꼬리를 물고 이어졌어. 그중 '태평천국의 난'의 규모가 가장 컸지. 반란을 이끈 홍수전은 난징을 수도로 삼고 새로운 나라(태평천국)까지 세웠단다.

'예수의 동생'을 자처한 홍수전은 누구에게나 공평하게 땅을 나눈다는 약속을 해서 따르는 백성들이 많았어. 청나라를 세운 만주족을 몰아내고 한족의 나라를 세우겠다는 것도 큰 호응을 얻었고 말이야. 하지만 청나라 정부가 적극적으로 진압에 나서고 서양 세력까지 정부의 진압에 동참하면서 태평천국의 난은 10여 년 만에 끝나고 말았어.

쑨원이 이끄는 혁명 세력은 점차 힘을 키워서 태평천국의 수도였던 난징을 점령하고 중화민국을 선포했어.

아편 전쟁과 태평천국의 난을 겪으면서 청나라도 나름대로 반성을 했어. 그 결과 서양의 과학기술과 군사 제도를 받아들이자는 운동이 일어났지(양무운동). 청나라 정부도 발벗고 나서서 서양식 군대는 물론이고, 공장을 세우고 산업도 발전시키려고 했단다.

하지만 양무운동은 별다른 성과를 거두지 못했어. 우선 짜임새 있게 전체를 아우르는 체계적인 계획이 없는 게 문제였어. 게다가 "중국의 전통은 그대로

1910년 한반도

대한제국이 일본의 식민지가 되다

1910년 8월 29일, 대한제국의 제2대 황제 순종은 나라를 일본에 넘긴다고 발표했어. 이로써 한반도는 일본의 식민지가 되었지. 하지만 사실 일본은 꽤 오래전부터 한반도를 식민지로 만들기 위한 작업을 해왔어. 청일전쟁(1894년)과 러일전쟁(1904년)을 일으켜 청나라와 러시아 세력을 한반도에서 몰아냈고, 을사조약(1905년)으로 대한제국의 외교권마저 빼앗았지. 이에 반발한 고종이 네덜란드 헤이그에 밀사(비밀리에 의사를 전달하는 사람)를 파견해 국제사회에 상황을 알리려고 하자, 고종을 끌어내리고 순종을 새 황제로 삼아버렸지. 그 후로 3년 만에 한일합방 조약을 강제로 맺어 나라마저 집어삼킨 거야.

두고 서양의 기술만 받아들인다(중체서용)"는 자세 때문에 과학기술 도입마저 제대로 이루어지지 않았고 말이야. 그런 탓에 수십 년 동안 서양식 군대를 키우고도 일본과의 전쟁(청일 전쟁)에서 맥없이 지고 말았던 거야.

청일 전쟁의 패배 뒤에는 또다시 반란이 이어졌고, 이번에는 일본의 메이지 유신을 본받은 개혁을 해보려고 했지만 그마저 실패하고 말았어(청나라는 정말 실패의 연속이로군!). 그러자 청나라를 무너뜨리는 걸 넘어서 황제를 없애고 공화국을 세우려는 혁명 운동까지 일어났단다.

쑨원이 이끄는 혁명 세력은 점차 힘을 키워서 태평천국의 수도였던 난징을 점령하고 중화민국을 선포했어. 청나라는 위안스카이를 보내서 진압하려고 했지만, 그가 청을 배신하고 중화민국 편에 서면서 오히려 멸망하고 말았지(그 대가로 위안스카이는 중화민국의 대총통이 되었단다). 중국 역사상 처음으로 공화국이 세워진 거야.

1913년
헨리 포드가 컨베이어 벨트로 자동차를 생산하다

새로운 물건만 인류 역사를 바꾼 건 아냐. 물건을 만드는 방식 또한 새롭게 개발되어 인류 사회를 바꾸어 놓았단다. 대표적인 게 미국의 헨리 포드가 컨베이어 벨트를 이용해 자동차를 만든 일이었어.

컨베이어 벨트란 물건을 연속해서 이동시키는 띠 모양의 장치를 말해(회전 초밥 가게에서 초밥 접시를 운반하는 띠 모양 바닥을 떠올리면 돼). 이전까지는 고정된 작업대에서 여러 사람이 번갈아 가면서 자동차 한 대를 만들었는데, 이제는 컨베이어 벨트에 사람들이 줄지어 선 채로 자기가 담당하는 부품만 조립하게 된 거야. 사람 대신 자동차가 움직이면서 조립되는 시스템이었지.

**자동차를 만드는 시스템을 바꾸자 놀라운 변화가 일어났어.
이전까지 자동차 한 대를 만드는 데는 12시간 30분쯤 걸렸는데,
컨베이어 벨트를 이용하니 1시간 30분으로 줄어든 거야.
덕분에 자동차 값도 엄청나게 싸졌단다.**

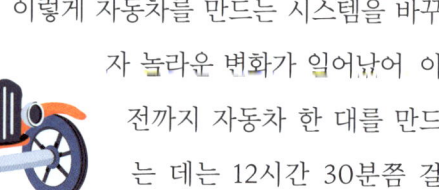

이렇게 자동차를 만드는 시스템을 바꾸자 놀라운 변화가 일어났어. 이전까지 자동차 한 대를 만드는 데는 12시간 30분쯤 걸

1915년 한반도

경복궁에서 '조선물산공진회'가 열리다

미국에서 모델 T가 대량 생산될 무렵, 식민지 조선에선 '조선물산공진회'가 열렸어. 이 행사는 일제가 자신들의 식민지 통치를 미화하는 박람회였지. 그동안 조선에서 생산된 새로운 물건뿐 아니라 일본에서 생산된 최신 상품들을 수만 점이나 전시했어. 자신들이 조선을 다스린 덕분에 산업이 발전했다고 홍보했던 거야. 하지만 조선이 식민지가 되면서 대다수 농민들은 살기가 어려워졌어. 땅 가진 지주들은 더욱 부자가 되었는데 말이야. 거기다 조선물산공진회를 하기 위해서 많은 건물들을 철거하는 바람에 경복궁은 제 모습을 잃게 되었단다.

렸는데, 컨베이어 벨트를 이용하니 1시간 30분으로 줄어든 거야. 덕분에 자동차 값도 엄청나게 싸졌단다. 당시 자동차의 가격은 보통 2,000달러쯤 했는데, 포드의 회사에서 만든 자동차(모델 T)는 겨우 550달러밖에 안 됐어. 몇 년 뒤에는 255달러까지 낮아졌고 말이야.

모델 T는 불티나게 팔렸고, 포드 자동차 회사는 어마어마한 돈을 벌었어. 그러자 포드는 노동자의 임금을 올려주었어. 당시 다른 자동차 회사의 임금은 시간당 2~3달러였는데 포드 자동차 회사에서는 시간당 5달러를 준 거야. 임금을 거의 2배로 올려준 셈이지. 이건 포드한테도 좋은 일이었어. 여유가 생긴 노동자들이 너도나도 모델 T를 구입했거든. 이전까지 자동차는 너무 비싸서 노동자들은 살 엄두를 못 냈는데 말이야. 덕분에 포드는 임금을 올려주기 전보다 더 많은 돈을 벌 수 있었단다.

이후 포드식 생산 방식은 거의 모든 산업으로 퍼졌어. 대량 생산으로 물건값을 낮추고, 노동자의 임금을 올려서 대량 소비하게 만드는 시스템이었지. 덕분에 마트마다 물건이 가득하게 되었고, 인류는 지금까지 맛보지 못한 풍요를 누리게 되었단다(그런 탓에 환경이 파괴되고 기후 위기가 닥치게 되었지만 말이야).

065
1914년
제1차 세계대전이 일어나다

산업 혁명 이후 식민지 쟁탈전을 벌이던 유럽 제국주의 국가들은 결국 단체로 편을 갈라 전쟁을 벌였어. 식민지로 삼을 만한 곳은 제한되어 있는데 제국주의 국가들은 늘어났으니, 어찌 보면 당연한 결말이었지. 이게 바로 제1차 세계대전이야.

전쟁이 일어나기 전에 우선 편이 갈렸어. 일찌감치 산업 혁명을 이루고 식민지를 찾아 나섰던 영국과 프랑스가 러시아와 함께 '3국 협상'을 맺었고, 뒤늦게 통일을 이루고 제국주의 대열에 뛰어든 독일과 이탈리아가 오스트리아·헝가리 제국과 '3국 동맹'을 맺었지(이 무렵 오스트리아와 헝가리는 '대타협'을 통해 한 나라가 되어 있었단다).

4년 동안이나 계속된 전쟁은 결국 연합국의 승리로 막을 내렸어.
여기에는 뒤늦게 연합국에 합류한 미국의 역할이 컸지.
전쟁에 패한 독일은 해외의 모든 식민지를 잃고 막대한 배상금을 물게 됐어.

이 와중에 러시아가 이끄는 범슬라브주의(슬라브는 러시아와 세르비아, 체코 등의 나라를 이루고 있는 민족이야)와 독일이 이끄는 범게르만주의(게르만은 독일과 오스트리아를 이루고 있는 민족이지)가 충돌하면서 갈등이 폭발하게 됐어. 범슬라브주의를 따르던 세르비아 청년이 보스니아의 수도인

> ●●●●●
> # 1919년 한반도
> ## 3.1운동이 일어나다
> 제1차 세계대전에서 승리한 미국의 윌슨 대통령은 '민족 자결주의'를 주장했어. "민족의 운명은 스스로가 결정해야 한다"라는 거야. 이 말은 식민지 상태의 민족이라도 원한다면 독립할 수 있다는 뜻이라고 볼 수 있지. 덕분에 민족 자결주의는 많은 식민지 독립운동에 영향을 주었단다. 우리 3.1운동도 그 영향을 받았고 말이야. 사실 윌슨이 원한 건 식민지의 독립이 아니었어(미국도 식민지를 가진 제국주의 국가였으니 당연했지). 오히려 식민지 독립운동가들이 윌슨의 주장을 다른 방식으로 해석한 거야. 이렇게 역사는 때로 사람들의 의도와는 다르게 흘러가기도 해.

사라예보에서 오스트리아·헝가리 제국의 황태자 부부를 암살한 거야. 오스트리아·헝가리 제국은 사라예보에 선전포고를 했고, 여기에 3국 협상과 3국 동맹 국가들이 끼어들면서 제1차 세계대전이 시작된 거지.

전쟁이 시작되자 3국 협상 국가들을 중심으로 '연합국'이 만들어졌고, 3국 동맹 국가들은 '동맹국'이 되었어. 그런데 3국 동맹의 하나였던 이탈리아는 연합국에 끼었어. 이탈리아는 자기네와 국경을 맞대고 있던 오스트리아·헝가리 영토를 노리고 있었기 때문이야(국제 관계는 이익에 따라 쉽게 바뀌는 법이거든!). 대신 기울어가던 오스만 제국이 동맹국에 합류했단다.

4년 동안이나 계속된 전쟁은 결국 연합국의 승리로 막을 내렸어. 여기에는 뒤늦게 연합국에 합류한 미국의 역할이 컸지. 전쟁에 패한 독일은 해외의 모든 식민지를 잃고 막대한 배상금을 물게 됐어. 오스트리아·헝가리 제국은 여러 나라로 쪼개졌고 말이야. 덕분에 유럽에 많은 나라들이 생겨났고, 아시아와 아프리카 식민지에도 독립운동이 일어나게 되었지.

1917년
러시아에서 사회주의 혁명이 일어나다

제1차 세계대전이 한창일 때, 러시아에서 혁명이 일어났어. 러시아가 전쟁에서 자꾸 지니까 살기 어려워진 국민들이 황제를 몰아내고 임시 정부를 수립한 거야. 여기까지는 프랑스 혁명이랑 비슷한데, 러시아 혁명은 한 걸음 더 나아갔어. 프랑스 혁명은 잘 사는 시민들(프랑스어로 '부르주아'라고 해)이 이끌었는데, 러시아에서는 노동자와 농민, 병사들이 혁명을 주도했거든.

러시아 혁명은 '세계 최초의 사회주의 혁명'이라고 부른단다. 이로써 러시아는 세계 최초의 사회주의 국가가 된 거야.

이들은 각 집단의 대표자로 이루어진 '대표자 회의'(러시아어로 '소비에트'라고 해)를 만들어서 권력을 잡았어. 그러고는 국가에서 토지와 공장 등 중요한 생산 수단을 소유하게 했지. 이렇게 중요한 생산 수단을 개인이 아니라 국가나 사회가 소유하는 걸 '공산주의' 혹은 '사회주의'라고 불러. 그래서 러시아 혁명은 '세계 최초의 사회주의 혁명'이라고 부른단다. 이로써 러시아는 세계 최초의 사회주의 국가가 된 거야.

1925년 한반도
조선의 사회주의자들이 '조선 공산당'을 만들다

러시아 혁명 이후 식민지 조선에도 사회주의를 따르는 세력이 생겨났어. 3.1운동이 일제의 잔인한 탄압으로 사그라지자 많은 독립운동가들이 소련식 사회주의에서 새로운 희망을 찾았기 때문이야. 덕분에 조선에도 사회주의 단체가 여럿 생겨났지. 이런 단체들이 연합해서 만든 것이 바로 '조선 공산당'이란다. 조선 공산당은 일제를 몰아내고 독립을 이루는 것을 목표로 삼는 한편, 소련식 사회주의 혁명을 위해 노력했어. 하지만 일제는 조선 공산당을 탄압했고, 이들은 어려움 속에서 비밀리에 활동을 해야 했단다.

사회주의 정권이 들어선 러시아는 독일과 강화 조약(전쟁을 끝내는 조약)을 맺고 연합국에서 빠졌어. 이건 러시아 국민 대다수가 원하는 일이기도 했어. 전쟁 때문에 국민들의 생활이 너무 어려워졌거든. 하지만 그만큼 큰 대가를 치러야 했어. 러시아는 원래 자기 땅이었던 핀란드와 우크라이나 지역을 독일에 내줘야 했지.

게다가 러시아 내에서 사회주의 정부를 반대하는 세력이 내전을 일으켰어. 다른 유럽 국가들은 사회주의에 반대하는 세력을 지원했단다. 혹시 자기네 나라에서도 사회주의 혁명이 일어나서 노동자와 농민이 권력을 잡을까 봐 불안했기 때문이야.

몇 년 간의 내전 끝에 소련은 반란 세력을 진압하고 안정을 찾게 되었어. 사회주의 혁명을 이끌었던 지도자 레닌은 나라 이름을 러시아에서 '소비에트 사회주의 공화국 연방'이라고 바꿨어(이걸 줄여서 '소련'이라고 해). 소련은 다른 나라에도 사회주의 정권을 세우기 위한 지원을 아끼지 않았단다. 이 과정에서 많은 식민지 국가들이 독립을 위해 소련의 사회주의를 받아들였어.

067
1918년
스페인 독감이 전 세계를 휩쓸다

제1차 세계대전이 끝나던 해, 스페인 독감이 전 세계를 덮쳤어. 독감이라고 해서 그냥 '좀 독한 감기'라고 생각하면 안 돼. 독감은 감기랑 증상이 비슷하지만 전혀 다른 질병이거든. 우선 병을 일으키는 바이러스가 달라. 감기는 여러 가지 바이러스(이걸 뭉뚱그려 '감기 바이러스'라고 불러)가 일으키지만, 독감의 원인은 인플루엔자 바이러스지.

또 감기는 바이러스가 다양해서 백신이나 치료제가 없지만, 독감은 백신과 치료제가 있다는 점도 달라. 감기는 잘 먹고 충분히 쉬면 자연스럽게 낫는데, 독감은 제대로 치료하지 않으면 목숨을 잃을 수도 있지. 백신과 치료제가 있는 지금도 독감으로 죽는 사람은 한 해 평균 수십만 명이 넘어. 그만큼 독감은 위험한 질병이야.

스페인 독감이 이렇게 전 세계로 퍼진 데는 제1차 세계대전의 영향이 커. 전쟁이 끝나고 군인들이 뿔뿔이 흩어져 고국으로 돌아가면서 독감 바이러스가 전 세계로 퍼져 나간 거야.

그러니 백신과 치료제가 없던 시절에 독감이 얼마나 무서운 질병이었을지 짐작이 가지? 1918년 전 세계를 덮친 스페인 독감은 특히 그랬어. 무려 5천만 명이 넘는 사람이 죽었다고 추정되니 말 다 했지(중세 유럽의 흑사병만큼

1918년 한반도
전국에 '무오년 독감'이 유행하다

스페인 독감은 식민지 조선에도 들어왔어. 이때가 마침 무오년이라 '무오년 독감'이라 불렸대. '임진년에 왜(일본)가 일으킨 난리'를 임진왜란이라 부르는 것과 비슷한 거지. 무오년 독감은 전국에 유행해서 무려 인구의 절반 가까이 걸렸고, 14만 명 가량이 목숨을 잃었다는구나. 조선에 스페인 독감을 옮긴 건 제1차 세계대전에 참전한 일본군이었을 것으로 추정돼. 당시 일본은 영국과 동맹을 맺고 있던 터라 연합국에 가담했거든. 당연히 일본에도 크게 유행했고, 약 48만 명이 목숨을 잃었다고 해.

이나 많은 사람들이 죽은 셈이야). 이 병에 걸리면 코와 입, 귀, 심지어 눈에서도 피를 흘리며 죽어갔다는구나.

그런데 스페인 독감은 스페인에서 생긴 독감이 아냐. 오히려 스페인은 독감에 대한 보도를 가장 빠르게 한 곳이란다. 제1차 세계대전 때 스페인은 중립국이어서 언론 보도가 자유로웠거든. 하지만 그런 탓에 '스페인 독감'이란 이름이 붙었다고 해(스페인 사람들은 좀 억울하겠군).

아무튼 스페인 독감이 이렇게 전 세계로 퍼진 데는 제1차 세계대전의 영향이 커. 전쟁이 끝나고 군인들이 뿔뿔이 흩어져 고국으로 돌아가면서 독감 바이러스가 전 세계로 퍼져 나간 거야. 심지어 백신과 치료법마저 없었으니, 수많은 사람들이 죽음에 이르렀지. 게다가 이때는 독감이 바이러스 때문에 일어나는 질병인지도 몰랐대. 다행히 스페인 독감은 유행한 지 1년 만에 자연적으로 사라졌지만, 이후에도 홍콩 독감, 신종 플루 같은 독감들이 세계적으로 유행했단다.

1923년
오스만 제국이 무너지고 터키 공화국이 들어서다

제1차 세계대전 때 동맹국으로 참전했던 오스만 제국은 연합국에 패배해 많은 땅을 잃게 되었어. 바그다드와 예루살렘을 포함한 오늘날의 이라크, 이스라엘도 이때 오스만 제국이 잃은 영토였지. 하지만 이미 오스만 제국은 전성기에 비하면 절반도 넘게 쪼그라든 상황이었단다. 1453년 비잔티움 제국을 정복하면서 유럽과 아시아, 아프리카에 걸쳐 대제국을 이룩했지만, 시간이 지나면서 점차 힘을 잃고 영토 또한 줄어들었거든.

오스만 제국 몰락의 신호탄이 된 건 19세기 그리스의 독립이었어. 이후 이집트가 반란을 일으켜 사실상 독립국이 되었고, 알제리마저 프랑스에 빼앗겼지 (이전까지 그리스와 이집트, 알제리는 모두 오스만 제국의 영토였다는 말씀!).

 **이때 등장한 것이 아타튀르크였어. 제1차 세계대전의 전쟁 영웅이었던 아타튀르크는 무능한 술탄을 몰아내고 터키 공화국을 세웠단다(이게 오늘날의 튀르키예야).**

위기감을 느낀 오스만 제국의 지배층은 나라를 서양식으로 개혁하려고 했어. 유럽식 의회를 만들고 술탄의 권력을 제한하는 헌법도 만들었지. 하지만 보수 세력이 반발하고, 러시아와의 전쟁에서 패배하면서 의회는 없어지고 헌법 또한 정지되어 버렸어. 개혁이 실패하고 만 거야.

1920년 한반도

봉오동과 청산리에서 일본군을 크게 무찌르다

3.1운동 이후 만주 지역에는 독립군 부대들이 생겨났어. 이들은 국내에 진입해서 일제의 경찰서와 관공서를 습격하는 등 무장 독립 투쟁을 벌였지. 그러자 일본군은 압록강을 건너 만주로 가서 독립군의 근거지를 공격했단다. 이때 홍범도 장군이 이끄는 독립군 부대가 일본군을 만주 봉오동으로 유인해서 큰 승리를 거두었어. 그러자 일본군이 대대적으로 공격을 해 왔는데, 만주 청산리에서 홍범도 장군과 김좌진 장군이 이끄는 연합 독립군이 다시 한번 크게 승리했지. 봉오동과 청산리에서의 승리는 식민지 조선인의 독립 의지를 높여주었단다.

그런데 지배층의 개혁이 실패하자 더욱 강력한 개혁 세력이 등장했어. 젊은 장교와 관리, 지식인들이 모여 청년 튀르크당을 만든 거야. 이들은 무력으로 권력을 잡은 후에 헌법을 부활시키고 산업을 발전시키는 등 개혁을 추진했단다. 하지만 정치가 어지러운 틈을 타서 불가리아가 독립하고 오스트리아·헝가리 제국은 보스니아와 헤르체고비나를 집어삼켰어. 오스만 제국의 영토가 더더욱 줄어든 거야.

이 와중에 제1차 세계대전의 참전과 패배는 오스만 제국의 운명을 바람 앞의 등불로 만들었어. 이대로 가다가는 오스트리아·헝가리 제국처럼 나라가 갈가리 찢어질 것 같았지. 이때 등장한 것이 아타튀르크였어. 제1차 세계대전의 전쟁 영웅이었던 아타튀르크는 무능한 술탄을 몰아내고 터키 공화국을 세웠단다(이게 오늘날의 튀르키예야). 권력을 잡은 아타튀르크는 연합국과의 협상으로 더이상 나라가 쪼개지는 걸 막았어. 600년 역사의 오스만 제국이 문을 닫고 터키 공화국이 새롭게 시작된 거야.

069
1929년
세계 대공황이 일어나다

제1차 세계대전이 끝난 후 미국은 세계 최대의 산업 국가로 떠올랐어. 전쟁은 주로 유럽에서 벌어졌는데, 미국이 전쟁 물자를 수출해서 큰 이익을 보았거든. 전쟁 후에는 그 돈으로 공장을 더 많이 지어서 무수한 물건을 전 세계로 수출했지. 마침 전쟁으로 어려웠던 유럽 경제도 회복되면서 소비가 늘어났어. 그래서 더 많은 공장을 짓고 더욱 많은 물건을 생산했단다. 이렇게 경기가 좋으니 주식 가격도 하늘 높은 줄 모르고 치솟았지. 모두가 흥청망청 돈을 써댔고 말이야. 경제가 비누거품처럼 부풀어 오른 거야.

**무역이 줄어들자 세계 경제가 더욱 나빠진 거야.
결국 미국과 유럽에서 수천만 명이 일자리를 잃었어.
특히 독일에선 일을 할 수 있는 사람 중 절반이 실업자가 될 정도였지.**

하지만 생산량이 끝없이 늘어나자 물건이 점점 안 팔리고 쌓이기 시작했어. 더불어 기업마다 손해가 쌓여갔지. 마침내 1929년 10월 24일, 미국의 주가가 폭락하면서 세계 경제의 거품이 터져버렸어. 수많은 기업들이 문을 닫고, 수백만 명이 직업을 잃었지. 미국에서 시작된 경제 위기는 유럽을 비롯한 전

1931년 한반도

여성 노동자 강주룡이 을밀대 지붕에 오르다

세계 대공황으로 어려워진 일제는 식민지 조선을 더욱 쥐어짰어. 원래 일본인보다 낮았던 조선인의 임금을 더욱 깎아버렸지. 조선의 노동자들은 공장을 멈추는 파업 투쟁으로 맞섰지만, 일제는 경찰을 동원해서 노동자들의 정당한 파업을 폭력으로 진압했단다. 그러자 고무공장에 다니던 여성 노동자 강주룡은 평양의 높은 누각인 을밀대 지붕에 올라 시위를 벌였어. 가뜩이나 남성보다 낮은 임금을 받던 여성 노동자의 임금을 깎는 데 항의한 거야. 강주룡의 시위는 많은 이들의 관심을 끌었고, 다른 노동운동에도 영향을 주었단다.

세계로 퍼져나갔어. 세계 대공황이 일어난 거야(공황이란 사람들이 공포에 빠질 정도로 경제가 갑자기 나빠지는 걸 말해). 대공황이 일어나자 사람들뿐 아니라 국가들도 공포에 빠졌어. 그래서 나라 문을 꽁꽁 걸어 잠그고 물건 수입을 막았단다. 자기 나라 산업을 보호하려고 말이야. 하지만 결과는 정반대로 나타났어. 무역이 줄어들자 세계 경제가 더욱 나빠진 거야. 결국 미국과 유럽에서 수천만 명이 일자리를 잃었어. 특히 독일에선 일을 할 수 있는 사람 중 절반이 실업자가 될 정도였지.

미국에서 시작된 대공황은 태평양 건너 일본까지 영향을 미쳤어(진짜 '세계 대공황'이라 부를 만하지?). 제1차 세계대전 때 유럽에 무기를 팔아서 반짝 호황을 누리던 일본 경제는 대공황 이전부터 이미 곤두박질치고 있었지. 쌀이 없어서 굶주린 사람들이 폭동을 일으킬 정도였다니까. 1923년 도쿄를 비롯한 칸토 지방에 대지진이 일어나면서 경제는 더욱 나빠졌어. 여기에 대공황이 덮치면서 일본 경제는 회복하기 어려울 만큼 무너졌단다.

070
1939년
제2차 세계대전이 일어나다

세계 대공황이 일어나자 나라마다 자국 경제를 보호하기 위해 노력했어. 특히 식민지를 많이 차지한 제국주의 국가들은 자국과 식민지를 경제 블록으로 묶어서 공황을 벗어나려고 했지. 자기 경제 블록 안에서만 자유 무역을 하고, 다른 나라는 배척한 거야. 그러자 제국주의 국가 중 비교적 식민지가 적은 나라들은 반발했어. 제1차 세계대전으로 해외 식민지를 대부분 잃은 독일이 특히 그랬지. 뒤늦게 제국주의 국가가 된 이탈리아와 일본도 그랬고 말이야.

> **독일과 이탈리아, 일본은 다른 나라를 침략해서 경제 위기를 벗어나려고 했어. 이 세 나라에서는 전쟁을 주장하는 세력이 정권을 잡았단다. 독일은 히틀러의 나치당, 이탈리아는 무솔리니의 파시스트당, 일본은 군대 세력이 그랬지.**

독일과 이탈리아, 일본은 다른 나라를 침략해서 경제 위기를 벗어나려고 했어. 이 세 나라에서는 전쟁을 주장하는 세력이 정권을 잡았단다. 독일은 히틀러의 나치당, 이탈리아는 무솔리니의 파시스트당, 일본은 군대 세력이 그랬지. 이들은 권력을 잡은 뒤에 반대 세력을 탄압하고 독재 정치를 펼쳤어. 그러면서 주변 국가를 침략하기 시작했단다. 일제의 만주 침략을 시작으로 이탈리아도 에티오피아를 침공했고, 독일과 오스트리아의 합병 등이 연이어 일어난 거야.

1945년 한반도

한반도가 해방을 맞이하다

일본이 패망하자 한반도는 식민지에서 해방되었어. 하지만 바로 독립을 이루진 못했어. 우리 뜻과는 상관없이 38선이 그어지고, 남쪽은 미군, 북쪽은 소련군이 차지했거든. 이들은 각각 남과 북을 통치하면서 자기들 입맛에 맞는 정부를 만들려고 했지. 해방이 되면서 많은 독립운동가들이 새로운 나라를 만들기 위해 노력했지만, 미국과 소련에 막혀 어려움을 겪었단다. 우리나라 사람들도 미국과 소련 편으로 갈라져서 싸웠어. 그 와중에 당연히 처단되었어야 할 친일파들이 미국 편을 들면서 살아남고 말았지.

독일과 이탈리아, 일본은 '3국 방공 협정'을 맺고서 본격적인 침략 전쟁에 나섰어(이 세 나라를 '추축국'이라고 불러). 이후 독일이 폴란드를 침략하자, 그때까지 보고만 있던 영국, 프랑스가 전쟁에 뛰어들면서 제2차 세계대전이 벌어지게 되었단다(영국, 프랑스 등은 제1차 세계대전 때처럼 '연합국'을 이루었어).

전쟁 초기엔 추축국이 우세했어. 독일은 프랑스와 북유럽에 이어 동유럽까지 집어삼켰고, 일본은 중국 동부와 동남아시아 일대를 차지했거든(반면 이탈리아는 처음부터 비실비실했어). 하지만 독일이 소련에 패하고, 일본이 하와이를 공격하자 중립을 지키던 미국이 연합국에 가담하면서 전세는 역전되었지. 마침내 이탈리아와 독일이 항복했고, 마지막까지 버티던 일본은 히로시마와 나가사키에 원자폭탄이 떨어진 뒤에 무조건 항복했어. 전쟁에 진 독일은 동독과 서독으로 분단되었지. 다시는 전쟁을 일으키지 못하도록 나라를 쪼개 놓은 거야. 또한 세계대전을 막기 위해서 국제연합(유엔)이 만들어졌단다.

1947년
인도가 독립하고 파키스탄이 분리되다

제2차 세계대전이 끝나자, 영국은 인도를 독립시키기로 결정했어. 전쟁을 치르느라 힘이 빠진 탓에 더 이상 인도의 독립운동을 억누를 수 없었기 때문이야. 간디와 네루 등이 이끄는 인도의 독립운동 세력은 이미 영국과 맞설 정도로 힘이 커졌거든. 게다가 제2차 세계대전에 영국군으로 참전했던 인도군이 무려 250만 명에 달했어. 이들이 독립운동에 합세하면서 인도의 독립은 시간문제가 되었단다.

> **제2차 세계대전이 끝나자, 영국은 인도를 독립시키기로 결정했어.
> 전쟁을 치르느라 힘이 빠진 탓에 더 이상
> 인도의 독립운동을 억누를 수 없었기 때문이야.**

하지만 독립을 앞두고 또 다른 문제가 생겼어. 인도 내부에서 힌두교도와 무슬림 세력이 대립하게 된 거야. 당시 인도 인구는 약 5억 명이었는데, 무슬림이 1억 이상이었고 나머지는 대부분 힌두교도였어. 간디와 네루 같은 지도자들은 하나의 인도를 원했지만, 힌두교도에 비해 소수였던 무슬림은 분리 독립을 원했지. 힌두교도와 무슬림의 갈등에는 영국도 한몫을 했어. 영국이 이들의 대립을 이용해서 인도를 다스렸거든. 인도인들이 갈라져 싸울수록 영국이 자기들 마음대로 인도를 통치하기 쉬웠으니까 말이야.

1947년 한반도
미소공동위원회가 결렬되다

인도와 파키스탄이 갈라설 무렵, 남북한도 분단으로 향하고 있었어. 한반도에 하나의 임시정부를 세우기 위해 미국과 소련이 협상을 벌였던 '미소공동위원회(미소공위)'가 의견 차이를 좁히지 못하고 결국 결렬된 거야. 미소공위는 모스크바에서 미국과 소련, 영국 외무장관들이 모여서 합의한 사항을 실천하기 위해 만든 위원회였어. 여기서 한반도에 임시정부를 세우고 최대 5년 동안 신탁통치(일정 기간 동안 다른 나라가 다스리는 것)를 하기로 결정했거든. 하지만 신탁통치를 둘러싼 갈등은 미소공위가 결렬하는 원인이 되었단다.

힌두교도와 무슬림의 대립은 결국 무장 충돌로 이어졌어. 인도 곳곳에서 두 세력이 충돌해 수천 명이 목숨을 잃었지. 인도는 독립도 하기 전에 혼란에 빠진 거야. 간디가 전국을 다니며 평화를 호소했지만 소용이 없었어. 뒤늦게 싸움을 말리던 영국은 나중엔 나 몰라라 하고는 인도에서 철수해 버렸고 말이야.

영국이 떠나가자 무슬림 세력은 파키스탄으로 분리 독립을 선언했어. 당시 파키스탄은 인도의 동쪽과 서쪽에 나뉘어 있었어(동파키스탄은 나중에 방글라데시가 되었지). 하지만 무슬림들이 파키스탄에만 살았던 건 아냐. 당연히 파키스탄에도 힌두교도가 살고 있었지. 그래서 인도와 파키스탄이 분리되자 많은 사람들이 하루아침에 살던 곳을 떠나 종교를 따라 이동해야 했단다. 수많은 사람들이 이동하는 와중에 곳곳에서 종교 간 충돌이 벌어졌고, 무려 100만 명이나 목숨을 잃었대. 이후 인도와 파키스탄은 영토 문제로 몇 번이나 전쟁을 벌여서 지금도 사이가 안 좋아.

1948년
이스라엘이 태어나고 제1차 중동 전쟁이 일어나다

인도에서 무력 충돌이 벌어질 무렵, 중동 지역에서도 긴장이 커지고 있었어. 70년에 로마에게 멸망당한 후, 무려 1900년 가까이 전 세계에 흩어져 살던 이스라엘 민족(유대인)이 옛날에 살았던 땅에 새 나라를 세우려고 했거든. 그동안 이곳에 살던 팔레스타인 사람들은 반발할 수밖에 없었지. 주변의 다른 아랍 국가들도 그랬고 말이야.

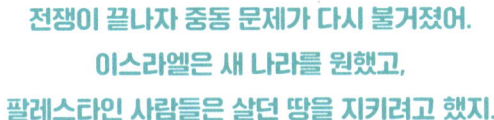

전쟁이 끝나자 중동 문제가 다시 불거졌어.
이스라엘은 새 나라를 원했고,
팔레스타인 사람들은 살던 땅을 지키려고 했지.

제1차 세계대전 이전까지 이 지역은 오스만 제국의 영토였어. 전쟁이 벌어지자 영국은 팔레스타인 사람들에게 자신들을 돕는다면 나중에 독립시켜주겠다고 약속했지. 그러고는 유대인에게두 이 지역에 새 나라를 세우도록 돕겠다는 약속을 했어. 똑같은 땅을 두고 팔레스타인인과 유대인에게 각기 다른 약속을 한 거야.

결국 제1차 세계대전에서 승리한 영국이 이 지역을 지배하게 되자, 팔레스타인 사람들과 유대인의 갈등이 커졌어. 영국의 약속을 믿고 전 세계의 유대인들이 팔레스타인 땅으로 이사를 왔거든. 전쟁 때 영국을 도왔던 팔레스타인 사람들은 분개했지만, 영국은 오히려 유대인과 땅을 나누라고 제안했어. 팔레스타인 사람들은 이를 거부하고 무장봉기를 일으켰지. 그런데 때마침 제2차 세계대전이 터지는 바람에 갈등은 중단되었어. 모두가 전쟁에 휘말려서 정신이 없었거든.

전쟁이 끝나자 중동 문제가 다시 불거졌어. 이스라엘은 새 나라를 원했고, 팔레스타인 사람들은 살던 땅을 지키려고 했지. 이중 약속을 했던 영국이 나 몰라라 하고 손을 놓은 채 팔레스타인 땅을 떠나자(정말 무책임한 행동이군!), 이스라엘과 팔레스타인, 주변 아랍 국가들은 전쟁을 시작했단다.

초반에 밀리던 이스라엘 군은 전쟁이 계속되면서 승리를 이어갔어. 덕분에 이스라엘은 건국 때보다 훨씬 더 넓은 영토를 차지한 반면, 수십만 명의 팔레스타인 사람들은 살던 땅에서 쫓겨나게 되었지. 하지만 이 전쟁은 시작에 불과했어. 이후 이스라엘과 아랍 국가들의 전쟁은 세 번이나 더 벌어졌고, 지금도 중동은 전쟁과 테러가 벌어지는 분쟁 지역으로 남아 있단다.

> ## 1948년 한반도
> ### 대한민국 정부가 세워지다
> 이스라엘이 건국한 해, 한반도 남쪽에서는 대한민국 정부가 수립되었어. 북한이 남북한 총선거를 거부하자 남한에서만 선거를 치르고 정부를 세운 거야. 김구를 비롯한 독립운동가들은 남한의 단독 정부 수립을 반대했어. 그래서 38선을 넘어 평양으로 가서 북한의 김일성 등과 회담을 벌였지만, 별 성과를 거두지 못하고 끝났지. 남한만의 총선거는 예정대로 치러지고, 그해 8월 15일에 이승만을 초대 대통령으로 하는 대한민국 정부가 탄생했어. 그러자 북한에도 단독 정부가 수립되었고, 결국 한반도는 남북으로 갈리게 되었단다.

073
1949년
중국 공산당이
내전에서 승리하다

제1차 중동 전쟁이 벌어질 무렵, 중국에선 내전이 한창이었어. 장제스가 이끄는 국민당과 마오쩌둥이 이끄는 공산당이 중국 전체의 지배권을 두고 최후의 전쟁을 벌인 거야. 국민당은 신해혁명으로 중화민국을 세운 쑨원이 이끌던 정당이었어. 쑨원이 죽자 후계자인 장제스가 뒤이어 국민당을 이끌었지. 공산당은 중국도 러시아처럼 사회주의 혁명을 해야 한다고 주장했어.

국민당과 공산당이 처음부터 사이가 나빴던 건 아냐. 위안스카이가 죽은 후 중화민국의 힘이 약해지고 곳곳에 군벌(독립적인 군인 집단)이 생겨나자 이들은 손을 잡고 군벌들과 전쟁을 벌이기도 했단다. 하지만 군벌 소탕이 성공을 거두자 국민당은 공산당까지 공격했어. 국민당에게 쫓긴 공산당은 무려 12,500㎞를 도망친 끝에 겨우 살아남을 수 있었단다. 거리로 따지면 서울에서 부산까지 30번도 넘게 오간 셈이지. 그것도 걸어서 말이야!

궁지에 몰린 공산당을 구해준 건 뜻밖에도 일본이었어. 제2차 세계대전 동안 일본이 중국을 침략하자, 국민당과 공산당은 한 편이 되어 일본에 맞섰거든(이걸 '국공합작'이라고 불러). 일본과 맞서 싸우는 동안 공산당은 중국 농민들의 지지를 받았어. 이들이 누구나 평등하게 잘 사는 사회를 약속했기 때문

이야. 이에 비해 국민당에는 뇌물을 밝히는 부정부패가 퍼져 있어서 사람들이 싫어했지.

제2차 세계대전에서 패한 일본이 물러나자 국민당과 공산당은 최후의 승부를 벌였어. 이번엔 공산당이 일방적으로 밀리던 지난번과 상황이 달라졌어. 중국 사람들의 대부분이던 농민들이 공산당을 지지했거든. 농민들은 기꺼이 공산당에 가입해서 국민당과 맞서 싸웠단다.

시간이 지날수록 국민당은 불리해졌고, 중국 대부분 지역을 차지한 공산당은 베이징에서 "중화인민공화국"을 선포했어. 공산당에 패한 국민당은 대만(타이완) 섬으로 옮겨서 중화민국을 이어갔지. 이게 바로 오늘날까지 이어지는 중국과 대만이란다(지금도 중국의 정식 이름은 '중화인민공화국'이고, 대만은 '중화민국'이야).

1949년 한반도
'반민족행위 특별조사위원회'가 문을 닫다

'반민족행위 특별조사위원회(반민특위)'는 일제에 적극적으로 협력한 친일파를 처벌하기 위한 조직이었어. 대한민국 정부가 수립된 후 만들어져서 1년가량 활동했지. 미군이 다스리던 3년 동안에는 친일파가 아무런 처벌도 받지 않았기 때문에 국민들은 반민특위에 큰 기대를 걸었어. 하지만 반민특위는 친일파를 처벌하는데 실패했단다. 감옥에 간 친일파가 몇 명 되지 않았을 뿐 아니라, 그마저도 6.25 전쟁이 벌어지자 모두 풀려났거든. 이건 경찰 간부 등 정부의 고위직으로 있던 친일파의 방해 때문이었어. 게다가 이승만 대통령까지 친일파 편을 들면서 반민특위는 제대로 활동을 하지 못한 채 문을 닫고 만 거야.

> 시간이 지날수록 국민당은 불리해졌고, 중국 대부분 지역을 차지한 공산당은 베이징에서 "중화인민공화국"을 선포했어. 공산당에 패한 국민당은 대만(타이완) 섬으로 옮겨서 중화민국을 이어갔지.

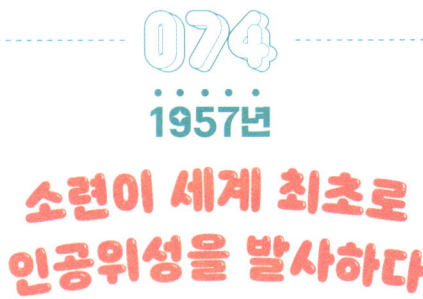

1957년
소련이 세계 최초로 인공위성을 발사하다

1957년 10월 4일. 소련의 바이코누르 우주기지에서 로켓을 발사했어. 이 로켓에는 세계 최초의 인공위성 스푸트니크 1호가 실려 있었지. 인공위성이란 지구 둘레를 도는 기계 장치를 말해. 지금이야 날씨 관측을 위한 기상 위성, 전파로 소통하는 통신 위성, 다른 나라 정보를 알아내는 정찰 위성 등 수많은 인공위성들이 지구 주위를 돌고 있지만, 인류가 인공위성을 우주로 쏘아 보낸 건 이때가 처음이었어. 인류 역사상 최초로 우주 개발 시대가 시작된 거야.

> **인류가 인공위성을 우주로 쏘아 보낸 건 이때가 처음이었어.
> 인류 역사상 최초로 우주 개발 시대가 시작된 거야.**

소련이 인공위성 발사에 성공하자 미국은 큰 충격을 받았어. 그때까지 미국은 자신들이 세계 최고의 로켓 기술을 가지고 있다고 자신했거든. 자존심이 상한 미국 정부는 급하게 인공위성을 만들어서 발사했지만 제대로 뜨지도 못하고 폭발해 버렸어. 이 모습이 전 세계에 생중계되면서 미국은 망신살이 뻗치고 말았단다.

상황이 이렇게 되자 미국은 더욱 큰 충격을 받았어. 더구나 소련의 로켓이 인공위성 대신 핵폭탄을 싣고, 우주가 아닌 미국을 향해 올 것을 상상하니 두려움이 밀려왔지(이때는 소련도 핵폭탄을 갖고 있었거든). 미국은 과학기

술을 발전시키기 위해 할 수 있는 모든 일을 하기 시작했어.

우선 대통령이 직접 관리하는 미국항공우주국(NASA)를 만들었어(요즘도 우주 관련 뉴스에 단골로 등장하는 바로 그곳이야). 군대를 운영하는 국방부에선 국방고등연구계획국(ARPA)을 만들

1956년 한반도
최초의 텔레비전 방송국이 문을 열다

스푸트니크 1호가 발사되기 1년 전, 우리나라에선 처음으로 텔레비전 방송을 시작했어. 대한민국 최초의 방송국 이름은 '대한방송'이었지. 대한방송은 세계에서 15번째, 아시아에서 4번째로 문을 연 텔레비전 방송국이었어. 1961년에는 대한방송을 뒤이어 서울텔레비전방송국(KBS)이 문을 열고, 이후 동양방송(TBC)과 문화방송(MBC)이 더해지면서 우리나라에는 3개의 방송국이 들어섰단다. 채널도 딱 3개였고 말이야. 한동안 서너 개에 불과하던 방송 채널은 케이블 방송이 시작되면서 수십 개로 늘어났고, 지금은 수백 개에 이르고 있지.

었지(인터넷을 처음 개발한 곳이기도 해). 그리고는 우수한 과학자를 키우기 위해 막대한 투자를 했을 뿐 아니라 교육 과정까지 바꾸었단다. 정말 바꿀 수 있는 건 몽땅 바꾼 거야.

이런 노력 끝에 미국은 소련을 제치고 우주 개발 경쟁에서 앞서게 되었어. 덕분에 1969년에는 미국이 발사한 아폴로 11호가 인류 최초로 달에 착륙했지. 소련도 이에 뒤질세라 우주 개발에 힘쓰면서, 미국과 소련은 우주를 무대로 경쟁하게 되었단다.

075
1960년
아프리카의 여러 나라들이 독립하다

1960년은 '아프리카의 해'라고 불려. 그 해에 아프리카에서 무려 17개 나라가 연달아 독립했거든. 1월 1일 카메룬을 시작으로 토고와 마다가스카르, 소말리아, 가봉, 세네갈, 말리, 나이지리아 등이 줄을 이어 독립했지.

이건 아프리카에서 가장 많은 식민지를 가지고 있던 영국과 프랑스가 물러났기 때문에 가능한 일이었어. 특히 제2차 세계대전을 겪으며 큰 피해를 입은 프랑스의 영향이 컸어. 그 해 독립한 아프리카 17개국 중 14개국이 프랑스의 식민지였거든.

물론 프랑스가 순순히 독립을 인정해 준 건 아냐. 아프리카의 식민지 사람들이 목숨을 걸고 독립운동을 벌인 덕분에 손을 떼게 된 거지. 예를 들어 알제리는 프랑스를 상대로 8년 동안이나 전쟁을 벌인 끝에 독립을 이루었어.

새롭게 태어난 아프리카 국가들은 식민지를 벗어나 모두가 잘 사는 나라를 만드는 꿈에 부풀었어. 하지만 현실은 다르게 흘러갔지. 여전히 살기 어려운 데다 정치적 혼란이 계속된 거야.

아프리카 국가들이 독립하는 데는 제2차 세계대전 이후 강대국이 된 미국과 소련의 압력도 한몫을 했어. 이들은 영국과 프랑스 등이 식민지를 포기하도록 압박했단다. 아프리카 식민지의 독립을 돕는 대신 자신들의 말을 잘 듣는 정부를 세우려는 계획

1960년 한반도
4.19 혁명이 일어나다

독립운동가가 독재자로 변신한 건 아프리카만의 얘기가 아니었어. 대한민국의 첫 대통령 이승만도 그렇게 되고 말았지. 김구와 함께 대표적인 독립운동가였던 이승만은 죽을 때까지 대통령을 할 욕심에 헌법을 제 마음대로 고쳤어. 게다가 투표 결과를 바꿔치기하는 부정 선거까지 저질렀지. 분노한 국민들이 들고일어나자, 시위대를 향해 총을 쏘아서 많은 학생과 시민들이 죽었단다(이날이 4월 19일라서 '4.19 혁명'이라고 불러). 하지만 시민들은 물러서지 않았어. 더 많은 사람들이 시위에 참가했고, 결국 이승만 대통령은 쫓겨나고 말았지. 민주주의를 외친 국민들이 독재자를 몰아낸 거야.

이었지. 일본이 물러간 한반도에서 그랬던 것처럼 말이야. 덕분에 1975년까지 대부분의 아프리카 식민지들은 독립할 수 있었어.

새롭게 태어난 아프리카 국가들은 식민지를 벗어나 모두가 잘 사는 나라를 만드는 꿈에 부풀었어. 하지만 현실은 다르게 흘러갔지. 여전히 살기 어려운데다 정치적 혼란이 계속된 거야. 게다가 독립운동에 앞장섰던 사람들이 독재자가 되기도 했어. 다른 부족끼리 전쟁을 벌이기도 했고 말이야.

이렇게 된 데에는 영국이나 프랑스 같은 제국주의 국가의 책임도 커. 그들은 아프리카 사람들의 뜻과는 상관없이 자기들 편한 대로 국경을 나눴거든. 그 결과 자로 잰 듯한 일직선으로 국경선이 그어졌고, 같은 부족이 다른 나라로 갈라지거나 그 반대의 경우도 생겨버렸어. 그래서 부족과 종교로 인한 갈등이 벌어진 거야. 안타깝게도 많은 아프리카 나라들이 아직도 이런 혼란에서 벗어나지 못하고 있단다.

076
1962년
쿠바에서 '제3차 세계대전'이 일어날 뻔하다

아프리카의 여러 나라들이 줄지어 독립할 무렵, 카리브해의 섬나라 쿠바에선 미국과 소련이 크게 부딪쳤어. 소련이 사회주의 국가가 된 쿠바에 핵미사일 기지를 지으려고 하자 미국이 크게 반발한 거야. 쿠바는 미국과 아주 가까워서, 여기서 핵미사일을 쏘면 미국은 어디도 무사할 수 없었거든. 미국은 소련이 핵미사일 기지를 기어코 건설하겠다면 전쟁도 마다하지 않겠다고 위협했단다.

이전에도 미국은 종종 소련과 대립했지만(우주 경쟁도 그중 하나였지), 둘이 전쟁 직전까지 간 것은 처음이었어. 둘 다 핵무기를 가지고 있었기 때문에 되도록 전쟁은 피하려고 했거든. 그런데 소련의 도움을 받은 여러 나라들이 사회주의 혁명에 성공하면서 갈등은 커져갔어. 이제는 소련을 중심으로 하는 사회주의 진영과 미국 중심의 자본주의 진영이 충돌하게 된 거야(자본주의란 사회주의와 달리 토지나 공장 같은 생산수단을 개인이 소유하는 경제 시스템을 말해).

미국은 영국, 프랑스 같은 서유럽 자본주의 국가들과 함께 북대서양조약기구(NATO)라는 군사 조직을 만들었어. 그러자 소련은 폴란드, 헝가리 같은 동유럽 공산주의 국가들과 바르샤바 조약기구(WTO)를 조직했지. 이렇게 군사적으로도 부딪쳤지만, 미국과 소련은 직접 전쟁을 벌이지는 않았어(역시 상대방의 핵무기가 무서웠기 때문이지). 그래서 이걸 냉전(차가운 전쟁)이라고 불러. 서로 불타는 미사일만 안 쏘았지, 전쟁 같은 경쟁을 벌였다는 뜻이야.

이렇게 한동안 냉전 중이던 미국과 소련이 쿠바에서 드디어 전쟁 코앞까지 가게 되었어. 미국은 진짜 전쟁 준비를 했어. 소련의 핵무기가 날아올 것에 대비해 학교와 가정에서 대피훈련까지 했지. 그러자 미국인뿐 아니라 전 세계 사람들이 핵 전쟁의 공포에 사로잡혔단다. 심지어 쿠바 주변을 날던 미국 비행기가 소련제 미사일에 맞고 떨어지는 일까지 벌어졌어. 진짜 전쟁의 문턱까지 간 거야.

1961년 한반도
5.16 쿠데타가 일어나다

4.19 혁명이 일어나고 1년 뒤인 1961년 5월 16일, 박정희를 비롯한 군인들이 쿠데타(무력으로 정권을 빼앗는 일)를 일으켰어. 이들은 4.19 혁명 이후에 우리 사회가 혼란에 빠져서 북한이 침략할지도 모른다는 핑계를 댔지. 그러고는 혼란만 가라앉으면 자신들은 다시 군대로 돌아가겠다고 약속했어. 하지만 약속은 지켜지지 않았지. 쿠데타의 주역이었던 박정희가 대통령이 되었거든. 이승만에 이어 새로운 독재자가 등장한 거야. 박정희는 무려 18년 동안이나 대통령을 하면서 민주주의를 외치는 시민들을 탄압했단다.

다행히 전쟁이 터지기 직전, 소련이 핵미사일 기지 건설을 포기했어. 미국도 터키 공화국에 배치했던 핵미사일을 철수하기로 했고 말이야. 덕분에 제3차 세계대전의 공포는 사라졌지.

다행히 전쟁이 터지기 직전, 소련이 핵미사일 기지 건설을 포기했어. 미국도 터키 공화국에 배치했던 핵미사일을 철수하기로 했고 말이야. 덕분에 제3차 세계대전의 공포는 사라졌지. 오히려 이 일을 계기로 미국과 소련은 서로 핵무기를 줄이기로 합의하고 한동안 사이가 좋아졌단다(미국과 소련의 지도자들도 핵 전쟁은 정말 무서웠나 봐).

077
1964년
미국이 베트남 전쟁에 뛰어들다

자본주의와 사회주의의 대결은 쿠바뿐 아니라 세계 곳곳에서 벌어졌어. 그 중 한 곳이 베트남이었지. 프랑스의 식민지였던 베트남은 독립 전쟁을 벌여서 프랑스를 쫓아내는데 성공했지만, 남북으로 갈리고 말았어. 마치 한반도처럼 말이야. 북베트남에는 소련의 지원을 받는 사회주의 정권이 들어섰고, 남베트남에는 미국이 도와주는 자본주의 정권이 들어섰단다(이것도 우리랑 비슷하구나).

남북 베트남은 분단 이후 계속 군사적으로 충돌했어. 그러던 1964년, 여기에 미국이 뛰어들면서 본격적인 전쟁이 시작되었지. 베트남 앞바다인 통킹만에서 북베트남이 미국 군함을 공격한 것이 계기였어(이걸 '통킹만 사건'이라고 불러). 나중에 밝혀진 바에 따르면, 미국 정부는 전쟁에 본격적으로 개입하기 위해 북베트남의 공격을 부풀렸다고 해. 없는 피해를 만들어 내기도 하고 말이야. 심지어 북베트남의 공격을 유도했다는 주장도 있어.

> 남북 베트남은 분단 이후 계속 군사적으로 충돌했어.
> 그러던 1964년, 여기에 미국이 뛰어들면서
> 본격적인 전쟁이 시작되었지.

아무튼 통킹만 사건이 일어나자 미국은 기다렸다는 듯이 북베트남을 폭격

1964년 한반도
베트남 전쟁에 군대를 보내다

미국의 요청을 받은 대한민국 정부는 베트남에 군대를 파견했어. 6.25전쟁 때 미국의 도움을 받았으니, 그 보답을 해야 한다는 이유 때문이었지. 우리도 북한과 맞서고 있는 상황이라 남베트남의 처지가 남의 일 같지 않았고 말이야. 그래서 대한민국은 미국 다음으로 많은 군인들을 베트남에 보냈단다. 덕분에 미국에서 많은 돈과 물자를 지원받았고, 이를 우리나라가 발전하는 밑거름으로 사용했어. 하지만 일부 국군들은 미군처럼 민간인 학살 같은 전쟁 범죄를 저질렀어. 나중에 우리 대통령들이 이 일을 사과했고, 법원에서는 국군의 잘못을 인정하는 판결을 내리기도 했단다.

하기 시작했어. 그러고는 군대를 보내 지상에서도 전투를 벌였지. 나중에는 우리나라를 포함한 여러 나라의 군대까지 동원해서 북베트남과 전쟁을 치렀단다. 소련과 중국을 포함한 사회주의 국가들은 북베트남에 무기와 여러 물품들을 주로 지원했고 말이야.

처음엔 미국이 쉽게 이길 것처럼 보였어. 지금도 그렇지만 그때도 미군은 세계 최강이었거든. 하지만 북베트남도 만만치 않았어. 이들은 프랑스를 물리칠만큼 강한 군사력을 자랑하고 있었으니까. 게다가 베트남의 정글 지형을 이용해서 소규모 부대가 치고 빠지는 게릴라전으로 미군을 괴롭혔어.

미국의 개입으로 쉽게 끝날 것 같던 전쟁은 몇 년이나 이어졌어. 그동안 미국은 엄청난 돈을 쏟아부었고, 수많은 미군이 목숨을 잃었단다. 상황이 이렇게 되자 대다수 미국인들이 전쟁을 반대하기 시작했어. 심지어 미군이 죄 없는 베트남 민간인들을 학살했다는 사실이 알려지자 여론은 더욱 나빠졌지. 결국 미국은 철수했고, 북베트남이 베트남을 통일하게 되었단다.

078
1964년
도쿄 올림픽이 열리다

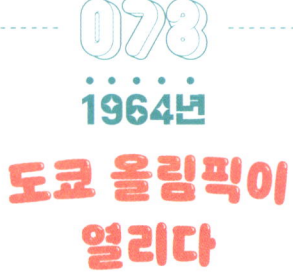

통킹만 사건이 벌어지고 두 달 뒤, 일본 도쿄에서 제18회 올림픽이 열렸어. 도쿄 올림픽은 제2차 세계대전에서 패전한 일본의 부활을 알리는 신호탄이었단다. 전쟁 이후 어려움을 겪던 일본이 도쿄 올림픽을 계기로 빠르게 발전하거든. 이때부터 일본은 선진국 대열에 합류하게 되었지.

> 도쿄 올림픽은 제2차 세계대전에서 패전한 일본의 부활을 알리는 신호탄이었단다. 전쟁 이후 어려움을 겪던 일본이 도쿄 올림픽을 계기로 빠르게 발전하거든.

사실 일본 경제가 되살아난 건 한국에서 벌어진 전쟁 덕분이었어. 미국이 6.25전쟁에 참전하면서 가까운 일본에서 전쟁에 필요한 물건들을 공수했거든. 이를 기회로 일본에는 새로운 공장이 세워지고 수출이 늘어나게 되었지. 이렇게 벌어들인 돈으로 일본은 빠르게 발전할 수 있었어. 우리의 불행이 일본에겐 결정적 행운이었던 거야.

도쿄 올림픽은 이렇게 발전한 일본의 모습을 전 세계에 보여 주는 기회였어. 특히 올림픽을 앞두고 세계 최초의 고속 열차 신칸센이 운행을 시작하자 세계는 깜짝 놀랐지. 올림픽에서 일본은 16개의 금메달을 따내면서 미국, 소련에 이어 3위를 차지

1965년 한반도

일본과 외교 관계를 맺다

도쿄 올림픽이 열린 다음 해, 대한민국은 일본과 '한일 기본 조약'에 서명하고 외교 관계를 맺었어. 이승만 대통령 때 일본과 국교를 맺기 위해 협상을 했지만, 식민지 배상금 문제와 물고기를 잡을 수 있는 바다의 경계를 어디까지 할 것인가를 두고 대립하다 4.19 혁명이 일어나며 흐지부지되었지. 5.16 쿠데타로 권력을 잡은 박정희 정권은 5억 달러의 돈을 받기로 하고 일본과 국교를 맺었단다. 이 돈은 우리 경제가 발전하는 데 도움이 되었지만, 이를 핑계삼아 일본은 위안부나 징용 피해자에 대한 배상을 거부하고 있어.

했어. 덕분에 일본을 바라보는 전 세계 사람들의 시선이 바뀌었단다. 덩달아 일본 물건에 대한 호감도 높아졌지. 도쿄 올림픽을 계기로 일본의 수출은 더욱 늘어났고, 나중에는 미국에 이어 세계 2위의 경제 강국이 될 정도로 발전을 거듭했어.

이런 일본의 발전 과정은 우리나라와도 비슷해. 우리도 1988년 서울 올림픽을 계기로 나라가 급속하게 발전했거든. 이전까지 다른 나라 사람들은 대한민국을 '식민지와 전쟁을 겪은 가난한 나라'라고 생각했는데, 서울 올림픽 때 발전한 모습을 보고 깜짝 놀랐지. 그리고 대한민국은 올림픽에서 소련, 동독, 미국에 이어 세계 4위를 차지했어. 덕분에 전 세계가 대한민국을 다시 보게 되었고, 덩달아 수출도 늘어났지. 아, 이웃나라(베트남) 전쟁 덕분에 경제가 발전한 점도 비슷해!

도쿄 올림픽 이후로도 일본은 두 번의 동계 올림픽을 치렀어. 우리도 2018년에 평창 동계 올림픽을 치렀지. 2021년 일본은 다시 한번 도쿄에서 올림픽을 개최했지만, 코로나19 탓에 모든 경기가 관중 없이 진행되었단다.

1973년
'오일 쇼크'가 전 세계를 강타하다

'오일 쇼크'란 석유 값이 엄청나게 올라 세계 경제가 휘청거린 사건을 말해. 1973년 시작된 오일 쇼크의 원인은 중동 전쟁이었어. 아랍 국가들이 이스라엘과 4번째 전쟁을 벌이면서 갑자기 석유 값을 올려버린 거야. 석유를 무기로 삼은 거지. 이들 대부분이 석유를 많이 생산하는 산유국이었기에 가능한 일이었단다. 실제로 이스라엘뿐 아니라 그를 지지하던 미국과 유럽 나라들이 큰 피해를 입었어.

오일 쇼크의 충격은 여기서 그치지 않았어. 전쟁은 20일 만에 끝났지만 석유 값은 계속 올랐거든. 몇 달 뒤 석유 값은 무려 4배로 치솟았어. 그러자 전 세계 경제가 휘청거리기 시작했단다. 석유가 오르니 전기 값과 대부분의 물건 값이 따라 올랐기 때문이야. 산유국을 제외한 대부분의 나라 경제가 곤두박질쳤지. 도쿄 올림픽 이후 고속 성장을 거듭하던 일본이나 한일 기본 조약으로 받은 돈으로 경제 개발을 서두르던 대한민국도 예외가 아니었어.

다행히 몇 해 뒤 석유 값이 안정되면서 세계 경제가 회복되기 시작했지만, 1979년에 두 번째 오일 쇼크가 다시 한번 전 세계를 덮쳤어. 이번에는 이란에서 발생한 혁명이 원인이었지. 이 무렵 이란은 미국을 지지하는 팔레비 왕

조가 집권하고 있었는데, 이슬람 세력이 그를 쫓아내고 종교 지도자가 나라를 다스리는 이슬람 공화국을 만들었단다. 여기에 미국과 유럽 국가들이 반대하자 이란은 석유를 무기로 삼아서 대항했지. 당시 이란은 사우디아라비아에 이어 세계 2위의 산유국이었거든.

1972년 한반도
남과 북이 평화 통일 원칙에 합의하다

6.25 전쟁 이후 남북 관계는 꽁꽁 얼어붙었어. 특히 미국과 소련이 냉전을 벌이면서 남한과 북한도 사사건건 충돌을 거듭했지. 그러던 1972년 7월 4일, 남북이 처음으로 통일에 대한 내용을 담은 공동 성명을 발표한 거야. 공동 성명을 발표하기 위해 남북은 여러 차례 협상을 하고, 비밀 대표단이 오가기도 했어. 이를 통해 남과 북은 우리 민족끼리 자주적이고 평화적인 통일을 하자는 데 합의했단다. 하지만 얼마 지나지 않아 남과 북 모두 독재가 강화되면서 남북 관계는 다시 악화되고 말았어.

두 번에 걸친 오일 쇼크는 세계사의 흐름을 바꿔 놓았어. 제2차 세계대전이 끝난 뒤부터 성장을 거듭하던 세계 경제가 침체의 늪에 빠져들었기 때문이야. 산유국들도 이 늪에서 벗어날 수 없었지. 경제 성장을 바탕으로 복지 정책을 펼치던 나라들도 위기를 맞았어.

> 두 번에 걸친 오일 쇼크는 세계사의 흐름을 바꿔 놓았어.
> 제2차 세계대전이 끝난 뒤부터 성장을 거듭하던 세계 경제가
> 침체의 늪에 빠져들기 때문이야.

하지만 좋은 점도 있었어. 나라마다 석유를 대신할 수 있는 다른 에너지 개발에 힘쓴 덕분에 원자력 발전뿐 아니라 태양력이나 풍력 같은 친환경 에너지 사업도 발달하게 되었단다.

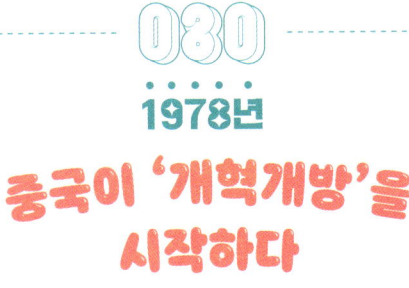

080
1978년
중국이 '개혁개방'을 시작하다

오일 쇼크가 두 번이나 세계를 강타하는 동안, 중국은 큰 변화를 시작했어. 중화인민공화국을 세운 이후 이때까지 지켜오던 사회주의 경제를 바꾸기로 한 거야. 개인이 토지나 공장 같은 생산 수단을 소유하는 것을 허용하고, 미국이나 유럽 국가의 투자도 받아들였지. 사회주의 경제를 자본주의로 바꾸고(개혁), 외국에 나라 문을 활짝 연 거야(개방).

> 중국의 개혁개방을 시작한 인물은 마오쩌둥의 뒤를 이은 덩샤오핑이었어. 그는 "검은 고양이든 흰 고양이든 쥐만 잘 잡으면 된다"라고 말하면서 개혁개방을 이끌었단다.

중국의 개혁개방을 시작한 인물은 마오쩌둥의 뒤를 이은 덩샤오핑이었어. 그는 "검은 고양이든 흰 고양이든 쥐만 잘 잡으면 된다"라고 말하면서 개혁개방을 이끌었단다. 이 말은 "사회주의든 자본주의든 인민들만 잘 살게 하면 된다"라는 뜻이지. 이전에 마오쩌둥이 사회주의를 충실하게 지키면서 나라를 이끌려다 실패를 거듭했기 때문에 덩샤오핑은 이런 정책을 편 거야. 예컨대 마오쩌둥은 사회주의 경제를 발전시키려고 '대약진 운동'을 펼쳤는데, 오히려 수천만 명이나 굶어 죽고 말았단다('대약진'이 '대실패'로 끝난 셈이야!).

개혁개방이 시작되자 중국 경제는 빠르게 발전했어. 경제 규모가 커지고 나

1976년 한반도

처음으로 자동차를 수출하다

중국이 개혁개방을 추진할 무렵, 대한민국 경제는 빠르게 성장하고 있었어. 특히 1970년대부터는 철강, 석유 화학, 자동차, 조선 등 중화학 공업이 발달했지. 덕분에 수출도 크게 늘어났고 말이야. 1964년 처음으로 1억 달러를 돌파한 우리나라 수출액은 1977년에 100억 달러를 넘었어. 정부가 수출에 유리한 중화학 공업을 발전시킨 덕분이었단다. 1976년에는 우리 역사상 처음으로 자동차를 만들어서 외국에 팔기 시작했어. 현대자동차가 만든 포니 자동차 6대를 남아메리카 에콰도르에 수출한 거야. 그런데 2022년에는 무려 230여만 대를 수출했다고 하니, 우리 경제가 얼마나 성장했는지 알 수 있겠지?

라 살림도 좋아졌지. 하지만 부작용도 있었어. 관리들이 뇌물을 밝히고(부정부패), 가난한 사람과 부자의 격차가 커진 거야(빈부격차). 도시에는 하루가 다르게 화려한 건물들이 세워지는데, 집도 없이 쪽방에 살면서 죽도록 일만 하는 노동자는 점점 더 늘어났지. 관리에게 뇌물을 먹여서 부자가 된 사람들은 한 끼에 수백만 원짜리 식사를 하는데, 날품팔이 노동자들은 몇백 원짜리 밥도 돈이 없어 못 먹을 정도였어.

시간이 지날수록 빈부격차가 더 벌어지자 사람들의 불만도 커져갔어. 하지만 중국 공산당은 문제를 해결하는 대신 힘으로 찍어 눌렀지. 차곡차곡 쌓이던 불만은 마침내 '톈안먼 사건'으로 폭발했어. 관리들의 부정부패와 빈부격차를 없애고, 정치적 자유와 민주주의를 주장하는 인민들이 톈안먼 광장에서 대규모 시위를 벌인 거야. 하지만 덩샤오핑은 탱크를 동원해서 시위를 진압했어. 중국은 이렇게 공산당 독재를 유지하면서도 개혁개방을 이어갔단다.

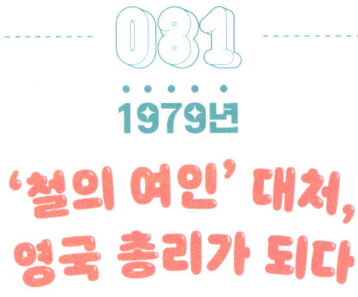

1979년
'철의 여인' 대처, 영국 총리가 되다

중국이 개혁개방을 시작한 다음 해, 영국에선 최초의 여성 총리가 탄생했어(대통령이 없는 영국에선 총리가 국가 최고 책임자야). 그녀의 이름은 마거릿 대처, 식료품 가게를 운영하는 평범한 집안에서 태어나 영국 최고의 자리에 올랐지. 대처는 무려 11년 넘게 총리로 일하면서 영국과 세계의 역사를 바꿔 놓았단다.

대처가 이렇게 오랫동안 총리를 할 수 있었던 밑거름은 첫 임기 때 치른 포클랜드 전쟁이었어. 포클랜드는 아르헨티나에서 가까운 섬인데, 당시 영국이 차지하고 있었지. 그런데 아르헨티나가 자기네 땅이라고 주장하면서 먼저 공격을 한 거야. 포클랜드가 영국에서 멀리 떨어져 있는데다, 지키는 영국군도 얼마 없었기 때문에 가능한 일이었어.

모든 상황은 영국에 불리했어. 영국 사람들조차 아르헨티나에게 섬을 빼앗길 거라고 예상할 정도였으니까. 하지만 대처는 강경 대응을 지시했고, 결국 영국군이 승리하게 되었단다. 덕분에 대처는 '철의 여인'이란 별명을 얻고 인기 또한 치솟았지.

무난히 두 번째 임기를 시작한 대처는 영국을 바꾸기 시작했어. 마치 덩샤오핑이 개혁개방으로 중국을 바꾼 것처럼 말이야. 대처는 그때까지 국가가 운영하던 석탄과 수도, 전기, 통신 같은 중요한 사업을 민간 기업에 넘겼어. 영국 정부는 이런 사업들을 운영하면서 벌어들인 돈으로 국민들에게 여러 가

1979년 한반도
박정희 대통령이 암살당하다

영국에서 첫 여성 총리가 탄생하던 해, 대한민국에선 박정희 대통령이 암살당했어. 당시 중앙 정보부장(지금의 국정원장)이었던 김재규가 박정희 대통령을 총으로 쏴 죽인 거야. 김재규는 박정희 대통령의 독재를 막기 위해 어쩔 수 없이 그를 죽였다고 주장했지만, 결국 사형당하고 말았어. 박정희 대통령이 죽은 후 대한민국에도 민주주의가 찾아왔어. 하지만 전두환 등이 또 다른 쿠데타를 일으키면서 군사 독재가 이어졌지. 전두환은 민주화를 요구하는 광주 시민들을 학살하고 대통령이 되었단다.

지 복지 혜택을 주고 있었지. 하지만 오일 쇼크 등으로 경제 상황이 악화되면서 이런 사업들은 오히려 손해를 보게 되었어. 그래서 민간에 넘기고 복지 혜택을 줄여버린 거란다.

> 덕분에 영국 경제는 좋아졌지만, 국민들의 생활은 어려워졌어.
> 거기다 부자들의 세금을 낮춰주면서 빈부격차가 크게 벌어졌지
> (그래서 영국인 중 대처를 싫어하는 사람도 많아).

덕분에 영국 경제는 좋아졌지만, 국민들의 생활은 어려워졌어. 거기다 부자들의 세금을 낮춰주면서 빈부격차가 크게 벌어졌지(그래서 영국인 중 대처를 싫어하는 사람도 많아). 대처의 이러한 정책을 영국뿐 아니라 미국과 유럽, 아시아, 라틴 아메리카 등 대부분의 나라에서도 따라서 시행했어. 그 때문에 나라마다 빈부격차가 커졌을 뿐 아니라, 부자 나라와 가난한 나라 사이의 격차도 더욱 벌어지게 되었단다.

마거릿 대처

1986년
소련 체르노빌에서 인류 최악의 원자력 사고가 일어나다

1986년 4월 26일. 이때까지 인류가 한 번도 겪어보지 못한 최악의 원자력 사고가 일어났어. 소련의 체르노빌(지금은 우크라이나 영토)에서 원자력 발전소가 폭발한 거야. 발전소 건물이 폭발로 날아가면서 엄청난 양의 방사능 물질이 흘러나왔어. 히로시마에 떨어뜨린 원자폭탄보다 무려 400배나 많은 양이었대.

방사능 물질이란 방사선을 내뿜는 물질을 말해. 방사선은 광선(빛)의 일종인데, 많이 쏘이면 건강에 문제를 일으킨단다. 사실 자연에도 방사능 물질이 많아. 하지만 여기서 나오는 방사선은 양이 아주 작기 때문에 건강에 전혀 지장이 없지. 문제는 핵폭탄이나 핵발전소같이 인공적으로 만든 것에서 나오는 방사선이야. 여기선 한꺼번에 어마어마한 양이 나오기 때문에 잘못하면 그 자리에서 죽을 수도 있어. 게다가 방사능 물질은 아주 오랜 시간이 지나도 계속 방사선을 내뿜기 때문에 아주 위험해. 어떤 물질은 방사선이 사라지는 데 수만 년이 걸리기도 한다니까 말 다 했지.

체르노빌 폭발 사고 때는 방사능을 막는 보호 장구도 제대로 착용하지 않은 채로 소방대원들이 들어가서 불을 껐어. 그들은 또다른 폭발을 막는데 성공했지만, 엄청난 양의 방사능에 노출되어 곧 목숨을 잃고 말았어. 체르노빌에 살던 사람들도 큰 피해를 봤고 말이야. 소련 정부가 사고를 제대로 수습하기는커녕,

숨기는데 급급했던 것도 사태를 악화시켰어. 그러는 사이 방사능 물질이 바람을 타고 이웃나라로 퍼져 나갔지. 마침내 1500km 이상 떨어져 있던 스웨덴까지 방사능 물질이 날아가면서 유럽이 발칵 뒤집혔단다. 결국 소련은 잘못을 인정하고 체르노빌 원자력 발전소를 막대한 양의 시멘트로 덮어버렸어. 그러고는 발전소를 폐쇄하고, 그로부터 반경 30km 안에는 사람이 살지 못하게 했단다. 시멘트로 덮어도 방사선이 계속 나왔기 때문이야.

1987년 한반도
6월 민주 항쟁이 일어나다

전두환이 군사 독재를 이어가는 동안 많은 시민들이 민주주의를 요구하며 시위를 벌였어. 독재 정부는 이런 시민들을 잡아 가두고 고문까지 했지. 그러다 민주화 운동에 참여했던 대학생 박종철이 경찰의 고문 끝에 죽는 사건이 일어났어. 경찰은 고문한 적 없다고 거짓말을 했지만, 결국 진실이 밝혀졌단다. 이에 분노한 시민들이 모여서 시위를 벌였는데, 또 다른 대학생 이한열이 경찰의 최루탄(독한 가스를 내뿜는 탄환)에 맞아 죽고 말았어. 분노가 치솟은 시민들은 전국 방방곡곡에서 시위를 벌였고, 결국 정부는 시민들의 민주화 요구를 받아들이게 되었단다. 드디어 독재가 끝나고 민주주의가 시작된 거야.

> **체르노빌 사고는 인류가 핵의 위험성을 똑똑히 깨닫는 계기가 되었어. 덕분에 핵실험과 핵발전소를 반대하는 환경운동이 생겨났고, 더욱 안전한 핵발전소를 짓게 되었지.**

체르노빌 사고는 인류가 핵의 위험성을 똑똑히 깨닫는 계기가 되었어. 덕분에 핵실험과 핵발전소를 반대하는 환경운동이 생겨났고, 더욱 안전한 핵발전소를 짓게 되었지. 그래도 핵은 너무나 위험해서, 많은 나라들이 핵발전소를 없애고 있단다.

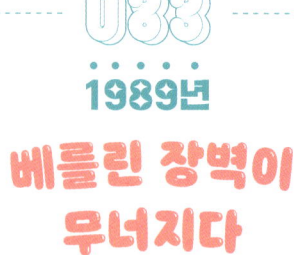

088
1989년
베를린 장벽이 무너지다

체르노빌에서 원자력 발전소가 폭발한 지 3년 뒤, 베를린에선 장벽이 무너졌어. 베를린 장벽이란 이름 그대로 독일의 수도인 베를린을 동서로 나눈 콘크리트 벽이야. 마치 한반도의 휴전선처럼 장벽을 경계로 동독과 서독이 나뉘었지. 총을 든 군인들이 지키고 있는 것도 휴전선과 마찬가지였어.

원래 동독과 서독이 분단될 때는 장벽이 없었어. 그런데 동독 사람들이 자꾸 자유를 찾아 서독으로 넘어가니까 나중에 동독에서 장벽을 세운 거야. 이후에도 많은 동독 시민들이 장벽을 넘으려다 총에 맞아 죽기도 했어. 그래서 베를린 장벽은 독일 분단의 상징이 되었단다(이것도 우리 휴전선과 같네).

**수십 년 동안 독일의 동서를 갈라놓던 베를린 장벽은
동독과 서독 시민들의 손에 의해 무너졌어.**

이렇게 수십 년 동안 독일의 동서를 갈라놓던 베를린 장벽은 동독과 서독 시민들의 손에 의해 무너졌어. 군인들이 총을 들고 지키는데 어떻게 그럴 수 있었냐고? 그건 동독뿐 아니라 동유럽 사회주의 진영 전체가 무너져 내렸기 때문이었어.

시작은 소련의 개혁개방이었어. 중국이 개혁개방을 시작해서 성과를 거두자 소련도 개혁개방을 시작한 거야. 소련도 중국만큼이나 나라 사정이 어려

1991년 한반도
남북한이 함께 유엔에 가입하다

동유럽 사회주의의 붕괴는 한반도에도 큰 영향을 미쳤어. 사회주의와 자본주의 사이의 냉전이 끝나자 남북 관계도 한결 좋아진 거야. 더 이상 사회주의 진영의 도움을 받지 못하게 된 북한이 남북 대화에 나선 덕분이었어. 그 결과 남북한이 함께 유엔에 가입하게 되었단다. 그전까지 상대방을 국가로 인정하지 않았는데, 이젠 서로를 동등한 대화 파트너로 받아들이게 된 거야. 얼마 뒤에는 분단 이후 처음으로 남북한의 최고 지도자가 만나서 대화를 하기로 합의했지. 하지만 첫 남북정상회담은 북한의 지도자 김일성이 갑자기 죽는 바람에 취소됐어.

왔거든. 아프가니스탄을 침략하느라 돈을 많이 쓴 데다 체르노빌 사건까지 겹쳐 위기를 맞이했지. 이런 상황에서 당시 소련을 이끌었던 고르바초프는 페레스트로이카(개혁)와 글라스노스트(개방)을 선언했단다.

그런데 소련의 개혁개방은 시민들이 민주주의를 요구하는 계기가 됐어. 중국 인민들이 톈안먼에서 시위를 벌였던 것처럼 말이야. 소련의 영향력 아래 있었던 동유럽 국가에서도 민주주의를 요구하는 시위가 벌어졌지. 처음에는 힘으로 시위를 진압하던 사회주의 독재 정권은 점차 흔들리게 되었어. 나중에는 시민들이 독재 정권을 무너뜨릴 정도로 독재 정권이 약해졌단다. 이 과정에서 동서독 시민들이 베를린 장벽을 무너뜨린 거야.

베를린 장벽이 무너진 다음 해에 독일은 통일을 했어. 폴란드와 헝가리, 불가리아, 루마니아, 알바니아 등 동유럽 사회주의 정권도 줄줄이 무너졌지. 결국 소련마저 붕괴되면서 소련은 러시아와 우크라이나, 벨라루스, 카자흐스탄 등 여러 나라로 쪼개졌단다.

1992년
기후 위기 해결을 위해 '지구 정상 회의'가 열리다

1992년 6월 3일. 브라질의 리우데자네이루에서 '지구 정상 회의'가 열렸어. 여기에는 유엔에 가입한 178개국 정부 대표와 167개국의 민간 대표가 참여했지. 대통령과 총리 등 각국 최고 지도자들만 115명이나 모였으니, 정말 '지구 정상 회의'라는 이름이 어울리는 행사였어.

> 이렇게 많은 정부 대표와 정상들이 모인 건
> 기후 위기를 해결하기 위해서였어. 산업 혁명 이후
> 지구의 온도가 급격히 올라가서 여러 가지 문제가 생겨났거든.

이렇게 많은 정부 대표와 정상들이 모인 건 기후 위기를 해결하기 위해서였어. 산업 혁명 이후 지구의 온도가 급격히 올라가서 여러 가지 문제가 생겨났거든. 북극의 빙하가 녹아서 태평양의 섬이 물에 잠기고, 매년 최악의 산불과 무더위가 반복되었지. 이대로 가다가는 인류가 멸망할지도 모른다는 두려움에 전 세계 대표들이 모인 거야.

이 회의를 통해 각국 대표들은 '유엔 기후 변화 협약'을 만들었어. 주된 내용은 이산화탄소 등 온실가스를 줄인다는 거였지. 온실가스란 지구를 온실처럼 뜨겁게 만드는 기체를 말해. 공장과 자동차 등에서 나오는 이산화탄소, 메탄, 이산화질소 등이 온실가스에 해당하지.

유엔 기후 변화 협약에선 특히 선진국의 책임을 강조했어. 이들이 산업화를 이끌면서 온실가스를 많이 배출했으니, 더 많은 책임을 지고 온실가스를 줄여야 하는 건 당연한 일이잖아.

하지만 유엔 기후 변화 협약의 내용은 잘 지켜지지 않았어. 사실 기후 변화 협약은 꼭 지켜야 하는 의무가 아니었거든. 그래서 몇 년 뒤에는 각국 대표들이 일본 교토에서 다시 만나 의무 규정을 담은 '교토 의정서'를 발표했어. 하지만 미국과 일본, 캐나다, 러시아 등 선진국들은 잇따라 교토 의정서를 지키기 않기로 했어. 선진국들이 기후 위기에 대한 책임을 외면하고 자국의 경제 발전만 챙긴 거야.

이러는 가운데 기후 위기가 더욱 악화되면서 다시 여러 번의 국제 회의가 열렸어. 그러던 2015년 파리 회의에서 '파리 협정'을 맺었단다. 여기서 각국 대표들은 지구의 온도를 산업혁명 이전보다 1.5℃ 이상 올라가지 않도록 노력하기로 했어. 하지만 이게 지켜질지는 의문이야. 전문가들은 이대로 가면 지구 온도가 산업혁명 이전보다 2.5℃ 이상 오를 거라고 예상해. 이젠 정말 시간이 얼마 남지 않은 거야.

1992년 한반도
대한민국이 중국과 수교를 맺다

냉전이 사라지자 한국은 사회주의 국가와 외교 관계를 맺기 시작했어. 이전까지는 서로 방문할 수도 없는 국가였는데, 이때부터는 서로 대사관을 설치하고 무역도 시작한 거야. 우리나라는 1989년 헝가리를 시작으로 유고슬라비아, 폴란드, 불가리아 등 동유럽 사회주의 국가들과 수교를 맺었어. 1990년에는 소련과, 그리고 1992년엔 중국과도 외교 관계를 맺었단다. 중국과의 수교가 특히 중요한 것은 이후 우리나라가 경제 발전하는 데 결정적 계기가 되었기 때문이야. 개혁개방으로 중국의 경제 규모가 커지면서, 우리도 중국과의 무역을 통해 세계 10위의 경제 대국이 되었단다.

085
1997년
아시아에서 금융 위기가 일어나다

20세기 후반에는 기후 위기뿐 아니라 경제 위기도 닥쳤어. 1929년에 세계 대공황이 일어난 것처럼 말이야. 하지만 이번에는 그때와 여러 면에서 달랐지. 우선 1997년의 경제 위기는 미국이 아니라 태국에서 시작됐어. 세계 경제의 중심이 아니라 변두리에서 시작된 거야. 또한 위기의 원인도 달랐어. 대공황이 생산을 너무 늘려 안 팔리는 물건이 쌓이면서 경제의 거품이 터진 것이라면, 태국에서 시작된 아시아 경제 위기는 태국 돈의 가치가 급격히 떨어지면서 시작되었단다. 태국에선 '바트'라는 단위의 돈을 쓰는데, 원래 '25바트=1달러'였던 것이 갑자기 '50바트=1달러'가 되어버린 거야(이렇게 돈 때문에 시작된 경제 위기를 '금융 위기'라고 불러).

**태국에서 시작된 금융 위기는 이웃 나라로 번졌어.
싱가포르, 말레이시아, 인도네시아, 필리핀 같은 동남아시아뿐 아니라
홍콩, 대만, 한국도 금융 위기에 빠져들게 되었단다.**

그런데 왜 자기 나라 화폐의 가치가 급격히 떨어지면 경제 위기가 오는 걸까? 국제 무역을 할 때는 미국 달러를 써야 하기 때문이야(이건 미국이 세계 최강대국이라서 그래). 나라 사이에 돈을 빌리거나 갚을 때도 마찬가지지. 그러니까 태국 입장에서는 외국에서 사 오는 물건값이나 꾼 돈이 하루아침

1997년 한반도

대한민국이 파산할 뻔하다

태국에서 시작된 아시아 금융 위기는 우리나라까지 덮쳤어. 1997년 말, 대한민국 원화의 가치가 반 토막이 난 거야. 대한민국도 태국처럼 물가가 오르고, 회사가 망하고, 실업자들이 쏟아져 나왔지. 나라는 파산할 지경이 되었고 말이야. 우리도 결국 IMF에서 엄청난 달러를 빌려와야 했어(그래서 우리나라의 금융 위기를 'IMF 사태'라고도 불러). 금융 위기 탓에 수많은 사람들이 고통을 겪어야 했어. 그래도 전 국민이 똘똘 뭉쳐 열심히 노력한 덕분에 몇 해 지나지 않아 금융 위기를 벗어날 수 있었단다.

에 두 배가 되어버린 거야. 그러다 보니 물가가 치솟고, 회사는 망하고, 실업자가 쏟아져 나오게 되었단다.

그렇다면 왜 태국 바트화는 급격히 가치가 떨어진 걸까? 이건 '국제 투기 자본'의 탓이 커. 어마어마한 돈을 굴리는 국제 투기 자본이 가지고 있던 태국 바트화를 팔아 치워서 가치를 떨어뜨린 거야. 마치 주식을 한꺼번에 팔아서 가격을 떨어뜨리는 것처럼 말이지. 그렇게 가격을 떨어뜨린 뒤에 다시 사들이면 그만큼 이익을 보게 되거든.

여기에는 태국 정부의 책임도 있어. 태국의 국제 금융 시스템(다른 나라 화폐를 사고 파는 제도)은 국제 투기 자본의 공격을 막아낼 만큼 튼튼하지 않았거든. 결국 태국은 국제 통화 기금(IMF)에서 달러를 빌려야 했어. 안 그러면 나라가 파산할 수밖에 없었으니까(국제 통화 기금은 파산 위기에 빠진 국가에 달러를 빌려주는 국제기구야).

태국에서 시작된 금융 위기는 이웃나라로 번졌어. 싱가포르, 말레이시아, 인도네시아, 필리핀 같은 동남아시아뿐 아니라 홍콩, 대만, 한국도 금융 위기에 빠져들게 되었단다.

086
2001년
미국에서
9.11 테러가 벌어지다

2001년 9월 11일. 전 세계 사람들은 긴급 뉴스 속보를 보고 놀란 입을 다물지 못했어. 미국의 상징과도 같던 뉴욕 국제무역센터 빌딩이 비행기 공격으로 무너진 거야. 심지어 전투기가 아닌 민간 항공기를 이용한 자살 테러 공격으로 말이야. 더구나 이 모든 장면이 생생하게 영상으로 찍혀서 충격이 더 컸어.

이 사건으로 3,000명에 가까운 사람들이 죽고 6,000명 이상이 다쳤어. 하지만 미국인들이 받은 충격은 수만 명이 죽은 것 이상으로 컸어. 독립 전쟁 이후 미국은 외국의 공격을 받은 적이 거의 없었거든(제2차 세계대전 때 일본이 하와이를 공격한 것만 빼면 말이야). 전쟁은 언제나 다른 나라 이야기였는데, 이젠 '테러와의 전쟁'이 현실로 다가온 거야.

> 9.11 테러를 벌인 것은 '알 카에다'라는 이슬람 테러 조직이었어.
> 이들은 승객으로 가장해서 비행기에 탄 후에, 조종사를 쫓아내고
> 직접 비행기를 조종해서 국제무역센터 빌딩으로 돌진한 거야.

9.11 테러를 벌인 것은 '알 카에다'라는 이슬람 테러 조직이었어. 이들은 승객으로 가장해서 비행기에 탄 후에, 조종사를 쫓아내고 직접 비행기를 조종해서 국제무역센터 빌딩으로 돌진한 거야. 이들은 미국을 '이슬람의 적'으로 여겼어. 미국이 이스라엘 편을 들어서 이슬람을 믿는 아랍인들에게 큰 피해

2000년 한반도

첫 남북정상회담이 열리다

2000년 6월 13일. 북한 평양의 순안 공항에서 김대중 대통령과 김정일 국방위원장이 만났어. 김일성의 아들인 김정일은 당시 북한의 최고 지도자였지. 분단 이후 처음으로 남북한의 정상이 만난 거야. 남북 정상은 회담을 거쳐 '6.15 남북 공동 선언'을 발표했어. 이로써 다시 평화 통일을 위해 노력하기로 다짐했지. 첫 남북정상회담을 계기로 남북 간의 교류도 늘어났어. 남한 사람들이 금강산 관광도 가고 개성에 남북이 함께 운영하는 공장도 지었단다. 지금은 아쉽게도 모두 중단됐지만, 평화 통일을 향해 중요한 발걸음을 뗀 거야.

를 주었다고 생각하기 때문이야. 또한 기독교 국가인 미국이 사사건건 이슬람을 공격하고 있다고 주장하지.

사실 이들의 주장이 아주 근거가 없는 건 아냐. 이스라엘이 아랍 국가들과의 전쟁에서 이길 수 있었던 데는 미국의 도움이 컸거든. 또한 미국이 자기네 이익을 지키기 위해 이슬람 국가에 피해를 준 사실도 있고 말이야. 더구나 알 카에다를 키워준 것 또한 미국이었어. 소련이 아프가니스탄을 침략했을 때, 그에 맞서는 무장 조직으로 키운 것이 바로 알 카에다였으니까. 소련이 아프가니스탄에서 물러나자 공격 목표를 미국으로 돌린 거야.

하지만 그렇다고 아무런 죄 없는 사람들을 수천 명씩이나 죽인 테러가 정당화될 수는 없어. 9.11 테러 후 미국은 즉각 '테러와의 전쟁'을 선포하고 알 카에다를 박멸하기 위해 최선을 다했어. 그런데 이 과정에서 알 카에다와 별 상관이 없는 이슬람 국가들까지 공격했단다. 그런 탓에 미국에 앙심을 품은 또 다른 테러 조직들이 생겨났고, 미국뿐 아니라 다른 나라를 상대로 한 테러도 끊임없이 일어나게 됐지.

2007년
아이폰이 스마트폰의 역사를 새로 쓰다

'똑똑한 전화기(스마트폰)'가 탄생한 건 1992년의 일이었어. 컴퓨터로 유명한 미국 회사 IBM에서 컴퓨터처럼 이메일을 주고받을 수 있는 휴대 전화 '사이먼'을 개발한 거야. 그전까지 휴대 전화는 전화와 문자, 음성 메시지 기능만 있었지. 사이먼을 시작으로 다양한 기능을 갖춘 휴대 전화들이 뒤를 이었고, 사람들은 이것들을 뭉뚱그려 '스마트폰'이라고 불렀단다.

진정한 스마트폰의 시작은 2007년 애플이 내놓은 아이폰이었어. 아이폰은 여러가지 면에서 이전까지의 스마트폰과 전혀 달랐어.

하지만 진정한 스마트폰의 시작은 2007년 애플이 내놓은 아이폰이었어. 아이폰은 여러가지 면에서 이전까지의 스마트폰과 전혀 달랐어. 우선 그때까지 스마트폰에 붙어있던 플라스틱 키보드를 없애고 손가락으로 화면을 터치해서 조작하도록 했지. 터치스크린으로 앱을 열고, 화면을 키우거나 줄이고, 게임을 하도록 만든 거야. 지금이야 너무 당연한 일이지만, 당시 이 기능을 처음 보는 사람들은 깜짝 놀랐어.

더 놀라운 건 누구나 다양한 어플리케이션(앱)을 만들어서 앱 스토어에 올릴 수 있도록 한거야. 덕분에 지금 우리가 쓰는 카카오톡이나 유튜브, 인스타그램, 틱톡 같은 앱이 개발되었지. 그리고 이러한 앱은 우리 생활을 완전히 바

2006년 한반도

북한이 첫 핵실험을 벌이다

2006년 10월 9일. 평양의 조선중앙통신은 북한이 지하 핵실험에 성공했다고 보도했어. 이전부터 비밀리에 추진하던 핵무기 개발에 성공한 거야. 이후 북한은 6번의 핵실험을 벌였고, 더불어 미국까지 날아가는 대륙 간 탄도 미사일까지 개발하면서 핵무기를 더욱 발전시켰지. 북한은 한반도의 평화를 위해 핵무기를 개발했다고 주장하지만, 이건 당연히 평화를 위협하는 행위야. 북한의 핵무기는 평화가 아니라 북한 독재 정권의 생존을 위한 선택이라고 할 수 있어. 핵무기는 너무나 위험하기 때문에 우리가 한반도의 평화를 지키는 것이 더욱 중요한 일이 되었지.

꿔 놓았어.

버스나 지하철에서 종이 신문을 보는 사람들이 사라졌고(예전엔 붐비는 지하철 안을 오가며 신문을 파는 사람도 있었어), 음식을 배달 앱으로 주문하게 되었으며(이전까지는 모두가 전화로 주문을 했단다), 거의 모든 사람들이 SNS로 소통하게 된 거야(SNS가 없을 때 어떻게 사람들과 소통했는지 이젠 생각도 안 나!).

  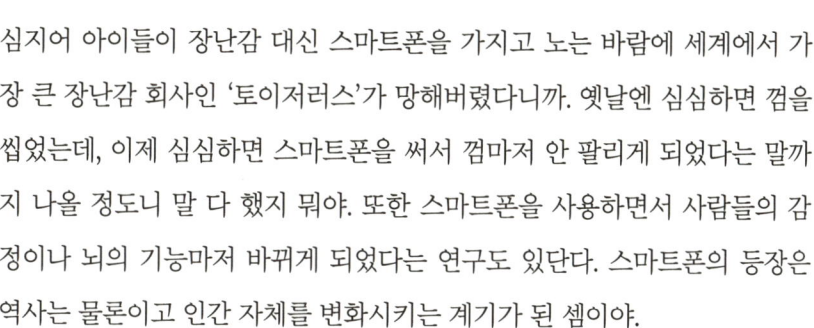

심지어 아이들이 장난감 대신 스마트폰을 가지고 노는 바람에 세계에서 가장 큰 장난감 회사인 '토이저러스'가 망해버렸다니까. 옛날엔 심심하면 껌을 씹었는데, 이제 심심하면 스마트폰을 써서 껌마저 안 팔리게 되었다는 말까지 나올 정도니 말 다 했지 뭐야. 또한 스마트폰을 사용하면서 사람들의 감정이나 뇌의 기능마저 바뀌게 되었다는 연구도 있단다. 스마트폰의 등장은 역사는 물론이고 인간 자체를 변화시키는 계기가 된 셈이야.

2016년
이세돌 9단과 알파고가 바둑 대결을 벌이다

아이폰이 탄생하고 9년 뒤, 전 세계의 시선은 대한민국으로 쏠렸어. 한국의 이세돌 9단과 구글의 인공지능 알파고가 바둑 대결을 벌였거든. 이세돌 9단은 세계 최고의 바둑 기사였어. 12세에 프로 바둑 기사가 되어 세계 바둑 대회에서만 14번이나 우승한 기록을 가지고 있었지.

대결이 시작되기 전, 사람들은 대부분 이세돌의 승리를 점쳤어. 그때까지는 바둑이야말로 인공지능이 도저히 따라올 수 없는 인간 고유의 영역이라는 생각이 강했기 때문이야. 실제로 바둑 돌을 놓을 수 있는 경우의 수는 우주 전체의 원자를 합친 수보다도 많대. 이걸 모두 계산하는 것은 아무리 슈퍼컴퓨터라도 불가능하지. 오직 인간만이 수학적 계산 대신 뛰어난 직관으로 알 수 있다는 거였어.

경기 결과를 접한 사람들은 충격에 빠졌어. 이제는 어떤 분야든 인간은 도저히 인공지능을 이길 수 없다는 사실이 증명된 듯했지. 실제로 바둑 말고도 인공지능이 인간보다 더 뛰어난 능력을 보이는 분야는 점점 늘어나고 있어.

실제로 이세돌과의 대결 이전까지 알파고가 바둑을 둔 내용을 살펴보면 세계 최고의 실력은 아니라는 것이 대체적인 평가였단다. 그래서 이세돌 9단도 자신의 승리를 의심하지 않았지. 하지만 대결이 시작되자 예상과는 전혀

다른 결과가 나왔어. 알파고가 승리의 행진을 이어간 거야. 이세돌 9단은 겨우 한 판을 이겼지만 결국 4대 1로 패하고 말았어. 이 1승이 알파고에게 인간이 거둔 유일한 승리였단다.

경기 결과를 접한 사람들은 충격에 빠졌어. 이제는 어떤 분야든 인간은 도저히 인공지능을 이길 수 없다는 사실이 증명된 듯했지. 실제로 바둑 말고도 인공지능이 인간보다 더 뛰어난 능력을 보이는 분야는 점점 늘어나고 있어. 인공지능이 의사보다 정확하게 진단을 하고, 변호사보다 법률문제를 더 잘 풀기도 하지.

이렇게 인공지능을 비롯한 디지털 기술이 불러일으킨 변화를 '제4차 산업 혁명'이라고 해. 영국에서 증기기관과 함께 1차 산업 혁명이 시작된 이후, 전기를 새로운 에너지로 쓰면서 2차 산업 혁명, 컴퓨터와 인터넷 덕분에 3차 산업 혁명, 그리고 인공지능으로 4차 산업 혁명이 이어졌다는 거야. 4차 산업 혁명으로 우리 사회는 급격히 변하고 있어. 하지만 새로운 사회를 더 좋은 곳으로 만드는 건 기술이 아니라 인간의 노력에 달려있단다.

2017년 한반도

박근혜 대통령이 탄핵되다

2017년 3월 10일, 대한민국 헌법재판소는 박근혜 대통령의 탄핵을 결정했어. 탄핵이란 큰 잘못을 저지른 대통령이나 법관을 해임하는 거야. 박근혜 대통령은 대기업에서 뇌물을 받고, 자기 멋대로 나라를 다스리는 등 헌법과 법률을 위반한 혐의로 국회에서 탄핵되었고, 그 후 헌법재판소에서 최종적으로 탄핵을 결정했지. 물론 이렇게 되기까지 수많은 시민들이 박근혜 대통령의 탄핵을 주장하면서 시위를 벌였단다. 박근혜 대통령 탄핵은 우리나라 민주주의가 발전하는 계기가 되었어. 이승만 대통령을 몰아낼 때는 시민들이 총을 맞으며 시위를 벌여야 했는데, 이번엔 평화적인 절차를 거쳐서 탄핵을 했으니까 말이야.

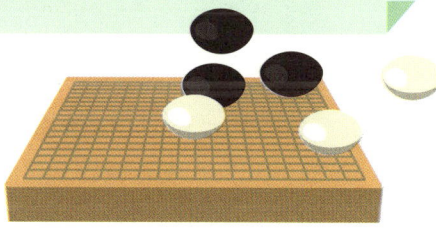

089
2018년
미국과 중국이 무역 전쟁을 벌이다

2018년 6월 15일. 미국의 트럼프 대통령은 중국에서 들여오는 물건에 무려 25%의 관세를 매기겠다고 선언했어. 이건 중국산 물건의 수입을 확 줄이겠다는 뜻이었지. 그때까지 미국은 중국과의 무역에서 수출보다 수입이 훨씬 더 많았거든. 이걸 바꾸기 위해서 미국이 관세 인상을 선언한 거야. 중국도 즉각 미국산 수입품에 25%의 보복 관세를 물리겠다고 발표했어. 전 세계 언론들은 "미국과 중국이 무역 전쟁을 시작했다"라고 보도했지.

> **미국이 중국과의 무역 전쟁을 시작한 것은
> 단순히 더 많은 이익을 챙기기 위해서만은 아니야.
> 중국이 미국을 앞서는 강대국이 되는 걸 막겠다는 생각도 커.**

미국이 중국과의 무역 전쟁을 시작한 것은 단순히 더 많은 이익을 챙기기 위해서만은 아니야. 중국이 미국을 앞서는 강대국이 되는 걸 막겠다는 생각도 커. 소련이 몰락한 후 미국은 세계 유일의 초강대국이 되었는데, 어느 순간부터 중국이 미국을 위협하는 강대국으로 성장했거든.

특히 중국의 경제 성장은 놀라웠어. 큰 땅과 많은 인구를 활용해 엄청나게 많은 물건을 만들어내면서 '세계의 공장'으로 불리더니, 이제는 첨단 기술 제품까지 생산하게 된 거야. 거기다 전 세계 여러 나라에 큰 투자를 하면서

2018년 한반도

BTS가 한류의 역사를 새로 쓰다

대한민국의 문화가 다른 나라에 유행하는 '한류'가 시작된 건 1990년대 후반부터였어. 이 무렵 홍콩과 대만에서 한국 드라마와 가요가 인기를 끌면서 한류라는 말이 생겨났단다. 2000년대에는 '겨울연가' 등의 드라마가 일본인들을 사로잡았고, 드라마 '대장금'이 동남아시아뿐 아니라 멀리 아프리카와 남아메리카까지 인기를 끌면서 본격적인 한류가 시작되었지. 그리고 BTS가 등장하면서 한류는 새 역사를 맞았어. 2018년에 BTS는 한국 가수 최초로 미국 앨범과 아티스트 차트 1위를 차지했고, 이 사실이 기네스북에도 올랐단다. 이제 한류가 대중문화의 중심 국가인 미국과 유럽에서도 자리를 잡게 된 거야.

중국을 중심으로 하는 국제단체까지 만들었지. 여기에는 미국이 빠져 있었고 말이야. 그러니 미국은 위협을 느낄 수밖에 없었지.

미국과 중국이 부딪치는 분야는 경제뿐만이 아니야. 중국의 군사력도 하루가 다르게 성장하고 있거든. 아직은 미국보다 못하지만, 이런 식으로 발전하다 보면 언제 미국을 넘어서게 될지 모를 일이야. 실제로 많은 전문가들은 언젠가 중국이 미국을 넘어서는 강대국이 될 거라고 예상하기도 해.

미국은 절대 이런 일이 일어나지 않도록 여러 방법으로 중국의 성장을 막고 있어. 트럼프의 뒤를 이은 바이든 대통령은 한국과 대만같은 반도체 기술 강국이 중국에 반도체를 수출하는 걸 막고 있지. 반도체는 첨단 기술을 개발하려면 꼭 필요하기 때문에, 이게 부족하면 기술 개발에 어려움을 겪을 수밖에 없거든. 하지만 이런 상황에선 우리나라도 손해를 볼 수밖에 없어. 중국이 우리에게도 보복할 수 있고 말이야. 이렇게 미국과 중국의 팽팽한 대결은 우리나라에도 큰 영향을 끼치고 있단다.

090

2020년
코로나19가 전 세계를 휩쓸다

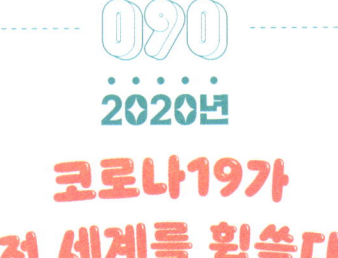

2020년 3월 11일. 세계보건기구(WHO)는 코로나19의 '팬데믹'을 선언했어. 팬데믹이란 전염병이 전 세계에 유행하는 상황을 가리키는 말이야. 1948년 유엔 소속으로 만들어진 세계보건기구가 팬데믹을 선언한 건 홍콩 독감(1968년)과 신종 플루(2009년)에 이어 세 번째였단다.

하지만 코로나19는 나머지 팬데믹 전염병과 비교할 수 없을 정도로 넓게 퍼지고 큰 피해를 줬어. 약 3년 6개월 동안 전 세계에서 6억 8천만 명 이상이 확진됐고, 680만 명 가량 목숨을 잃었으니 말이야. 이건 20세기 초반의 스페인 독감이나 중세 유럽의 흑사병과 비교할 수 있는 수준이야 (물론 백신 개발과 의학 발달 덕분에 사망자는 훨씬 적었지).

> 코로나19는 나머지 팬데믹 전염병과 비교할 수 없을 정도로 넓게 퍼지고 큰 피해를 줬어. 약 3년 6개월 동안 전 세계에서 6억 8천만 명 이상이 확진됐고, 680만 명 가량 목숨을 잃었으니 말이야.

코로나19는 우리 사회뿐 아니라 전 세계를 바꿔 놓았어. 무엇보다 얼굴을 마주하지 않고 이루어지는 비대면 활동이 많아졌지. 특히 코로나19가 한창 퍼질 때는 온라인 수업과 회의, 회사에 출근하지 않고 집에서 일하는 재택근무

2023년 한반도

코로나19 방역 완화와 일상 회복을 선언하다

2023년 5월 11일, 윤석열 대통령은 코로나19 확진자에 대한 격리 의무를 없앤다고 발표했어. 더불어 코로나19 위기 경보를 '심각'에서 '경계'로 조정하기로 했지. 이제까지 코로나19를 막기 위해 취했던 방역 조치들을 대부분 해제하고 시민들이 코로나19 이전과 같은 생활로 돌아가게 된다고 설명했단다. 코로나19는 대한민국에 위기이자 기회였어. 코로나19로 인해 막대한 피해를 입었지만, '방역 선진국'으로 전 세계의 찬사를 받기도 했지. 하지만 코로나19는 우리 사회에 여러 가지 문제를 남겼어. 우리가 이 문제들을 잘 풀어갈 때 더 좋은 역사를 만들어갈 수 있을 거야.

가 일상이 되었어. 유행이 잦아들자 학교는 다시 문을 열었지만, 온라인 회의와 재택근무를 여전히 유지하는 곳도 있어. 코로나19가 우리의 일상을 바꿔 놓은 거야.

또한 코로나19 때문에 불평등이 심해졌어. 대기업 직원이나 공무원처럼 안정적인 직장에 다니는 사람들은 재택근무를 하면서 오히려 근무 여건이 좋아지기도 했지만, 비정규직이나 아르바이트 노동자는 일이 줄거나 직장을 잃었거든. 식당 사장님 같은 자영업자들은 사회적 거리 두기 탓에 소득이 확 줄어든 반면, 온라인 쇼핑몰이나 택배 업체들은 사상 최대의 호황을 누렸고 말이야.

나라들 사이에도 불평등이 커졌어. 부자 나라는 가진 돈을 풀어서 백신도 사고 경제를 살렸지만, 가난한 나라는 백신 살 돈조차 없어서 쩔쩔매야 했지. 하지만 부자 나라에서 쓴 돈도 결국 대부분 부자들 주머니로 들어가면서 빈부 격차는 더욱 심해졌단다. 코로나19의 유행은 잦아들었지만, 우리가 해결해야 할 문제는 더욱 늘어난 셈이야.

찾아보기 INDEX

ㄱ
가마쿠라 막부 66
간석기 13
경국대전 89
공자 18
공화정 28
교토 의정서 195
구텐베르크 84
국제연합(유엔) 167
굽타 왕조 36
글라스노스트(개방) 193
금속활자 84

ㄴ
나치당 166
나폴레옹 127
남북 공동 성명 185

남북 유엔 가입 193
남북 전쟁 136
남북정상회담 199

ㄷ
단군왕검 15
대공황 164
대동여지도 135
대헌장 70
덩샤오핑 186
도다이지 불상 45
도요토미 히데요시 101
도쿠가와 이에야스 110
동인도회사 102
동학 133
드레이크 100
뗀석기 13

ㄹ
라마 5세 140
레판토 해전 101
루이 14세 118
루이 16세 126
루터 92
르네상스 85

ㅁ
마거릿 대처 188
마그나카르타(대헌장) 70
마야 문명 33
마오쩌둥 172
마우리아 왕조 24
만리장성 27
만사 무사 왕 72
말리 왕국 72

메소포타미아 15, 16
메이지 유신 138
메카 42
메흐메드 2세 86
면벌부 92
명예 혁명 117
묘청의 난 63
무슬림 43
무신의 난 67
무오년 독감 161
무적함대 100
무함마드 43
민족 자결주의 157

ㅂ
바부르 96
바티칸 시티 49
반민족행위 특별조사위원회 173
백년 전쟁 82
베를린 장벽 192
베스트팔렌 조약 113
베트남 전쟁 180
보스턴 차 사건 125

비스마르크 142
비잔티움 제국 39
빌헬름 1세 143
빗살무늬 토기 13

ㅅ
사회주의 혁명 158
산업 혁명 122, 203
삼국사기 29
삼국유사 31
삼별초의 항쟁 71
삼부회 126
서로마 제국 38
석가모니 18
세종대왕 83, 85
세포이의 반란 134
셀주크튀르크 제국 62
소비에트 158
소크라테스 18
솔로몬 왕 30
쇄국 정책 128
수니파 46
수리야바르만 2세 62
스파르타 21

스페인 독감 160
스푸트니크 1호 174
시아파 46
시황제 26
실크로드 50
십자군 전쟁 62
쑨원 152

ㅇ
아바스 왕조 46
아소카 대왕 24
아시아 금융 위기 196
아즈텍 제국 94
아크바르 황제 97
아타튀르크 163
아테네 20
아편 전쟁 130
아폴로 11호 175
아프리카의 해 176
악숨 왕국 30
악티움 해전 28
알 카에다 198
알라 42
알렉산드로스 대왕 22

알파고 202
앙코르 와트 64
양무운동 152
에도 막부 110
에디슨 144
에르난 코르테스 94
연합국 157, 167
오닌의 난 88
오스만 제국 86
오스트랄로피테쿠스 10
오일 쇼크 184
원로원 28
위만조선 25
위안스카이 153
유엔 기후 변화 협약 194
응오 왕조 53
이세돌 9단 202
이스라엘 건국 170
인공위성 발사 174
임진왜란 101

ㅈ
잔 다르크 82
장제스 172

정화의 대항해 80
제1차 세계대전 156
제1차 중동 전쟁 170
제2차 세계대전 166
제국주의 135
제임스 와트 122
조선 공산당 159
조선물산공진회 155
존 왕 70
종교 개혁 92
주원장 76
지구 정상 회담1 94
지동설 98
직지심체요절 85
집정관 28
징키즈 칸 68

ㅊ
찬드라굽타 36
철기군 116
청교도 혁명 116
체르노빌 원자력 사고 190
추축국 167
축의 시대 19

ㅋ
카롤루스 대제 48
카이사르 28
칼 야스퍼스 19
칼레 해전 101
칼리프 43
칼뱅 93
코로나 19 206
코페르니쿠스 98
콘스탄티누스 황제 34
콜럼버스 90
크롬웰 116
크메르 제국 64

ㅌ
타지마할 97
탄핵 203
탕평책 121
태양의 피라미드 32
태평천국의 난 152
텐안먼 사건 187
통킹만 사건 180

ㅍ

파리 협정 **195**
파시스트당 **166**
팬데믹 **206**
페레스트로이카(개혁) **193**
표트르 대제 **120**
프랑스 혁명 **126**
피라미드 **16**

ㅎ

한류 **205**
한일합방 조약 **153**
함무라비 왕 **16**
핵실험 **201**
헤이그 밀사 **153**
헤지라 **42**
헬레니즘 문화 **23**
호모 사피엔스 **10**
황소의 반란 **51**
훈민정음 **85**
흑사병 **74**
히틀러 **166**
힌두교 **36**

기타

3.1운동 **157**
30년 전쟁 **112**
4.19 혁명 **177**
4대 성인 **18**
5.16 쿠데타 **179**
6월 민주 항쟁 **191**
9.11 테러 **198**
ARPA **175**
BTS **205**
IMF(국제 통화 기금) **197**
NASA(미국항공우주국) **175**
NATO(북대서양조약기구) **178**
WHO(세계보건기구) **206**
WTO(바르샤바 조약기구) **178**

세계사와 한국사의 크로스!
초딩 인생 처음 세계사

초판 1쇄 발행 2024년 6월 20일

지은이 | 구완회

펴낸이 | 박선영
디자인·일러스트 | 이다혜
책임편집 | 안지선

펴낸 곳 | 의미와 재미
출판신고 | 2019년 1월 30일 제2019-000034호
주소 | 서울시 서초구 방배천로 18길11, 106-1704
전화 | 02-6015-8381
팩스 | 02-6015-8380 / 0504-211-3521
이메일 | book@meannfun.com

ⓒ구완회, 2024

ISBN 979-11-978972-8-3 73900

* 이 책은 저작권법에 따라 보호받는 저작물이므로 무단 전재와 무단 복제를 금하며, 이 책 내용의 전부 또는 일부를 이용하시려면 반드시 저작권자와 출판사의 서면 동의를 받아야 합니다.
* 책값은 뒤표지에 있습니다.
* 잘못된 책은 구입처에서 바꿔드립니다.